Lola Martínez
Maria Lluïsa Sabater

Socios 2

Curso de español
orientado al mundo
del trabajo

Libro del alumno

D1077024

Socios 2

Libro del alumno

Autoras:
Lola Martínez *(International House Barcelona)*
Maria Lluïsa Sabater
(École Supérieure du Commerce Extérieur; IEP, París y Universitat de Barcelona)

Coordinación editorial y redacción:
Jaime Corpas

Revisión pedagógica:
Antonio Vañó

Corrección:
Montse Belver

Diseño y dirección de arte:
Estudio Ivan Margot

Maquetación:
Laura Estragués

Ilustración:
Joma

Fotografías:
Ivan Margot
PhotoDisc
Super Stock
Phovoir
Archivo Histórico Provincial de Lugo, Xunta de Galicia

Grabación:
CYO, Barcelona

Agradecimientos:
Maria Torres, Heliano Madrigal, Claudia Madrigal, Alain Morcheoine, Mireia Morcheoine,
David Román, Carmen Soriano, Carlos Sarmiento, Cristina Palaoro, y Bassat, Ogilvy & Mather.

© Los autores y Difusión, S.L. Barcelona 2000

ISBN: 84-89344-93-0
Depósito Legal: B-35.404-2000

1º edición - septiembre 2000
2ª edición - enero 2001
Reimpresión: 3 4 5 6 7 / 2008 2007 2006 2005 2004

Impreso en España por T.G. Soler
Impreso en papel ecológico

Centro de Investigación y Publicaciones de Idiomas, S.L.
C/Trafalgar, 10, entlo. 1ª - 08010 BARCELONA
Tel. 93 268 03 00 - Fax 93 310 33 40
e-mail: editdif@intercom.es
http://www.difusion.com

SOCIOS es un curso de ELE dirigido a estudiantes y profesionales que necesitan el español para desenvolverse en el mundo del trabajo. El propósito de este curso es dar respuesta a los intereses comunes de grupos de alumnos relacionados con ámbitos laborales muy heterogéneos.

Consta de dos niveles: SOCIOS 1, que cubre, a nivel inicial, las necesidades comunicativas básicas relacionadas con la vida profesional, y SOCIOS 2, pensado para estudiantes de nivel intermedio.

SOCIOS 2 abarca diferentes ámbitos del mundo del trabajo; entre otros, los seguros, los bancos, la publicidad, el comercio electrónico, la organización de la empresa o las ferias y congresos. Al mismo tiempo, capacita al alumno para llevar a cabo una serie de actividades propias del mundo laboral tales como negociar, escribir cartas comerciales, presentar un proyecto o pronunciar un discurso. Por otra parte, también invita al estudiante a la reflexión sobre aspectos socioculturales que son muy útiles en un marco profesional.

El aula, espacio social y de aprendizaje, proporciona un contexto para la realización de las actividades. Todas ellas se centran en el intercambio significativo de información que hacen los alumnos desde su propia identidad. Este tipo de actividades permite desarrollar estrategias de uso de la lengua para solucionar problemas y, en definitiva, promueve la autonomía del alumno.

Este manual se basa en los principios del enfoque por tareas. Cada una de las doce unidades que componen el libro se estructuran en torno a una tarea final que favorece la implicación del estudiante por su relación directa con el ámbito laboral.

La secuencia didáctica se inicia con una primera fase de presentación de lengua. De esta forma, se desarrolla la comprensión de una gran variedad de documentos reales que proporcionan al estudiante instrumentos léxicos, morfosintácticos y funcionales. En una segunda fase, el estudiante realiza una amplia tipología de ejercicios de producción que le preparan para la realización de la tarea final. La conceptualización de los contenidos lingüísticos se recoge al final de cada unidad en una gramática de referencia.

El Libro del alumno va acompañado del Cuaderno de ejercicios, que refuerza los contenidos presentados en cada unidad. El método se completa con las Carpetas de audiciones (del libro del alumno y del libro de ejercicios) y con el Libro del profesor, que da las pautas generales para la utilización del manual y explica cómo poner en práctica las actividades, además de ofrecer alternativas para el aula.

1 COMPAÑEROS **DE TRABAJO**
T Presentar el organigrama de una empresa. Hablar sobre su experiencia y sus cualidades profesionales.
Contenidos:
- Presente de Indicativo: verbos regulares, irregulares y reflexivos.
- **Estar** + Gerundio, en pasado.
- Hablar de estados de ánimo: ¿Qué te pasa? **Estoy** preocupado/a, triste, cansado/a...
- Hablar sobre las características de una persona: **Es un buen comunicador.**
- Hablar de relaciones personales: **caer, llevarse bien/mal con...**
- Expresar una opinión: **para mí, a mí me parece...**
- Precisar una opinión: **lo que pasa es que** + Presente.
- Enfatizar una costumbre: **lo que hago es** + Infinitivo.
- **Por/para.**
- La frecuencia: **siempre, a veces, nunca...**
- Describir las funciones que realiza una persona en el trabajo: **se encarga de, lleva, se dedica a...**

2 DE **VIAJE**
T Planificar las vacaciones.
Contenidos:
- Condicional: verbos regulares e irregulares.
- Hablar de situaciones hipotéticas: Yo **me iría** con...
- Expresar deseos: **me gustaría** + Infinitivo.
- Aconsejar: **yo en tu lugar/yo que tú...**
- Pretérito Perfecto: verbos regulares e irregulares.
- Hablar de experiencias pasadas: Pretérito Perfecto e Indefinido.
- Expresar gustos y sentimientos: **me encanta(n), me aburre(n), me pone(n) nervioso/a; odio, no soporto...**
- Hablar del tiempo metereológico: **hace, hay, está...**
- Referirse a la cantidad de personas: **casi todo el mundo, la mayoría, algunos, muchos, casi nadie...**
- **Llevar/traer.**
- **Ir/venir.**

3 PRODUCTOS **DE AYER Y DE HOY**
T Elaborar un publirreportaje para una empresa.
Contenidos:
- Pretérito Imperfecto: verbos regulares e irregulares.
- Pretérito Indefinido: verbos regulares e irregulares.
- Describir y hablar de acciones habituales en pasado.
- Contraste **antes/ahora.**
- Hablar de acciones puntuales en el pasado.
- Conectores temporales: **a finales de, entonces, a partir de...**
- Expresar continuidad: **seguir** + Gerundio, **todavía** + Presente.
- Expresar interrupción: **dejar de** + Infinitivo, **ya no** + Presente.
- Expresar inicio: **empezar a** + Infinitivo.
- Expresar hábito en el presente: **soler** + Infinitivo.
- Pronombres de OI + OD: **me/te/se...** + **lo/la/los/las.**
- Pedir disculpas: **lamento...**

4 CALIDAD **EN EL TRABAJO**
T Establecer las normas internas de una empresa.
Contenidos:
- Hablar de la salud: **¿Qué te/le/os/les pasa? Encontrarse bien/mal. Doler.**
- Referirse a colectivos de personas: **la gente, los directivos...**
- Expresar impersonalidad: **se** + verbo en 3ª persona; **se** + verbo en 3ª persona + nombre; 2ª persona del Presente de Indicativo.
- Imperativo: afirmativo y negativo, regulares e irregulares.
- Imperativo con pronombres de OI + OD.
- Dar instrucciones: **Imperativo.**
- Expresar obligación: **deber** + Infinitivo.
- Expresar prohibición: **no debe/s** + Infinitivo, **(está) prohibido** + Infinitivo, **se prohíbe/no se permite** + nombre/Infinitivo.
- Aclarar: **en otras palabras, o sea, o lo que es lo mismo, es decir...**

5 DINERO
T Elegir un banco para pedir un crédito.
Contenidos:
- Presente de Subjuntivo: verbos regulares e irregulares.
- Futuro: verbos regulares e irregulares.
- Hablar de acontecimientos futuros: **Cuando** + Presente de Subjuntivo, + Presente de Indicativo/Futuro/Imperativo.
- Expresar necesidad o conveniencia: **es necesario/básico/ útil/mejor/conveniente...** + Infinitivo.
- Expresar posibilidad: **poder** + Infinitivo.
- **Acabar de** + Infinitivo.
- **Antes de** + Infinitivo.
- **Después de** + Infinitivo.
- **Intentar** + Infinitivo.
- Otros usos de **por.**

6 SALONES **Y FERIAS**
T Redactar un informe.
Contenidos:
- Hablar de acontecimientos en pasado: Pretérito Pluscuamperfecto de Indicativo/Pretérito Indefinido.
- Describir situaciones en pasado: Pretérito Imperfecto/**estaba** + Gerundio.
- Expresar simultaneidad en el pasado: **mientras.**
- Expresar creencias equivocadas: **yo creía/pensaba que...**
- Explicar anécdotas: **pasar.**
- Valorar en pasado: **fue increíble/interesante/un desastre.**
- **Faltar/sobrar.**
- Conectores del discurso: **resulta que/en primer lugar/además/ respecto a/por ejemplo/sin duda alguna/según.../ya que/ por una parte/así pues/de repente/total que...**

1

Compañeros de trabajo

1. CONOCERSE

A. Hoy es el primer día de clase. Preséntate.

◇ Hola, me llamo Daniel y trabajo en...

B. Habla con tu compañero y encuentra cinco cosas que tenéis en común. Puedes preguntarle sobre su trabajo o sus estudios, sus gustos, sus aficiones...

◇ ¿Qué idiomas hablas?
★ Inglés y francés, ¿y tú?
◇ Yo también hablo inglés. Francés, no.

C. En parejas, explicad al resto de la clase qué tenéis en común.

◇ Los dos hablamos inglés...

2. ¿POR QUÉ ESTUDIAS ESPAÑOL?

A. ¿Por qué estudias español? ¿Con cuál de estas opiniones te identificas más?

| | Estudio español para, en el futuro, tener un buen trabajo. |

| | Me encantan los idiomas y el español en especial. Estudio por placer. |

| | Estudio por obligación: el español es obligatorio en mi escuela. |

| | Quiero aprender español para hablar con mis amigos. |

| | Estudio español porque quiero vivir y trabajar en un país de habla hispana. |

| | Estudio español para poder hablar por teléfono, escribir cartas... Lo necesito para el trabajo. |

| | Estudio español por motivos personales. |

| | Viajo mucho por países de habla hispana y necesito el español para poder comunicarme con la gente. |

B. Ahora busca a alguien en la clase que estudie español por la misma razón que tú.

◇ Yo estudio español para tener un buen trabajo en el futuro.
★ Yo también.

C. ¿Con qué opinión se identifica más toda la clase?

3. DEPARTAMENTOS

A. Aquí tienes el organigrama de OPTICAL, un laboratorio farmacéutico. ¿Qué crees que hace cada departamento? Coméntalo con tu compañero.

ORGANIGRAMA DE OPTICAL, S.A.

DIRECTOR GENERAL			
DIRECCIÓN COMERCIAL	**DIRECCIÓN DE PRODUCCIÓN**	**DIRECCIÓN DE PERSONAL**	**DIRECCIÓN FINANCIERA**
☐ Dpto. de Marketing	☐ Dpto. de I + D	☐ Dpto. de Selección y Formación	☐ Dpto. de Administración
☐ Dpto. de Ventas	☐ Dpto. de Logística	☐ Dpto. de Administración de Personal	☐ Dpto. de Contabilidad

◇ En el Departamento de Contabilidad llevan las cuentas, ¿no?
★ Sí, y también controlan las facturas.

B. Todas estas personas trabajan en OPTICAL. ¿En qué departamento crees que trabajan? Escribe el número en el organigrama.

LA PLANTILLA DE OPTICAL, S.A.

1. Rosa Izuel: Lleva las nóminas. Se encarga de preparar los nuevos contratos y de tramitar las bajas por enfermedad de los trabajadores.

2. Elisa Moreno: Es responsable de los envíos de los productos al extranjero: prepara la documentación necesaria, supervisa el proceso de embalaje y controla el transporte.

3. Jorge Merino: Organiza cursos para la formación complementaria del personal. También es responsable de preparar las entrevistas a los candidatos a nuevos puestos de trabajo en la empresa.

4. Claudio Soto: Se dedica a visitar a los distribuidores y a los clientes. Toma nota de los pedidos.

5. Clara Pereira: Se encarga de detectar nuevas necesidades del público para ofrecer los productos adecuados. También es responsable de la publicidad.

6. Irma Ponte: Es una estudiante en periodo de prácticas. Es ayudante de la persona encargada de probar los nuevos materiales ópticos.

7. Raúl Herrero: Por sus manos pasan todas las cuentas. Se encarga de las facturas y los albaranes, da órdenes de pago a los proveedores y controla los cobros.

8. Rosa Mateo: Atiende las llamadas. Realiza gestiones administrativas como enviar la correspondencia, cursar reclamaciones y emitir facturas. Es responsable de comprar el material de oficina.

C. Y tú, ¿estás trabajando o estás estudiando? Explica a tus compañeros en qué consisten tu trabajo o tus estudios.

◇ Yo, trabajo en una empresa de importación y soy responsable de...

4. SELECCIÓN DE PERSONAL

 A. Todas estas personas tienen hoy una prueba de selección. Escucha y escribe el número que corresponde a cada candidato.

B. Escucha otra vez y marca con una cruz las casillas que describen cómo está cada candidato. Después, compara tus respuestas con las de tu compañero.

	1	2	3	4
Está cansado/a				
Está nervioso/a				
Está triste				
Está contento/a				
Está preocupado/a				
Está tranquilo/a				
Está enfermo/a				
Está enfadado/a				

C. Y tú, ¿cómo estás hoy? Explícaselo a tus compañeros.

◇ Hoy estoy un poco cansado porque no he dormido bien.
★ Sí, ya lo veo. Pues yo...

5. COMPAÑEROS DE TRABAJO

A. Ernesto, Laura y Luis trabajan en la misma empresa. ¿Cómo crees que son?

Ernesto

Laura

Luis

 ◇ Laura parece una persona simpática...

 B. Escucha a dos compañeros de la misma oficina que hablan sobre Ernesto, sobre Laura y sobre Luis. ¿Qué dicen sobre ellos? ¿Coincide con lo que has pensado?

	Ernesto	Laura	Luis
1. Es una persona muy simpática y se lleva bien con todos.			
2. Es una persona muy tranquila.			
3. Es una persona caótica y muy despistada.			
4. Le cae mal a todo el mundo.			
5. Cuando está nervioso o de mal humor, es mejor no hablar con él.			
6. Parece muy serio pero, en realidad, siempre está de buen humor.			

C. ¿Con cuál de estas tres personas crees que puedes llevarte bien? ¿Por qué?

 ◇ Yo creo que puedo llevarme bien con...

D. Piensa en una persona con la que te llevas bien y en otra que te cae mal. ¿Por qué? Coméntalo con tus compañeros.

 ◇ Yo me llevo muy bien con Elena, es una compañera de trabajo. Comemos juntos todos los días y...

6. REQUISITOS PROFESIONALES

A. Elisa Valencia, experta en Recursos Humanos, ha sido entrevistada por la revista "Trabajo". Según ella, ¿por qué es difícil encontrar trabajo? Haz una lista que resuma sus opiniones.

¿FORMACIÓN O EXPERIENCIA?

Elisa Valencia es experta en Recursos Humanos y recientemente ha publicado *El candidato ideal*, un libro sobre los requisitos que debe tener en cuenta una empresa a la hora de contratar a sus trabajadores.

Hay empresas a las que les resulta difícil encontrar a personas con el perfil profesional adecuado. A las personas que buscan su primer empleo les piden tener experiencia además de una sólida formación, y a las que tienen experiencia les exigen ser más jóvenes... ¿Qué está pasando?

El problema es que en muchas ocasiones los estudios no incluyen prácticas en empresas, que, en mi opinión, son fundamentales. Para mí, una buena formación es indispensable, por supuesto.

Sin embargo, muchas veces, se aprende a trabajar, trabajando. Por esa razón la experiencia es uno de los aspectos más valorados por las empresas. Por otro lado, es verdad que las personas con experiencia son más exigentes y quieren mejores condiciones; cosa que las empresas no siempre están dispuestas a aceptar. La solución no es fácil.

Junto con la falta de experiencia, ¿qué creen las empresas que les falta a muchos candidatos?

En España, en concreto, a muchas empresas les resulta difícil encontrar gente dispuesta a cambiar de lugar de residencia. Cuanto mayor es el candidato, peor. A mí, personalmente, me parece que esto es un gran inconveniente porque cada vez hay más multinacionales que buscan profesionales con movilidad.

¿Piensa usted que hay aspectos que los candidatos valoran mucho y que las empresas, sin embargo, valoran poco?

Sí, los sueldos y el trabajo. Me explico: muchas veces los sueldos no se corres-

ponden con el trabajo que se realiza. Las empresas quieren candidatos con una buena formación y con experiencia y resulta que no les pagan en función de los requisitos que les piden, sino de los beneficios que la empresa genera. Muchos buenos candidatos dicen que no a un trabajo por los sueldos tan bajos que les ofrecen. Realmente pienso que, a veces, las empresas no valoran el trabajo de los empleados.

El candidato ideal de Elisa Valencia

B. ¿Por qué razones crees tú que hay gente que tiene dificultades para conseguir el trabajo adecuado? Coméntalo con tus compañeros.

1. Las empresas quieren gente con experiencia.
2. Los sueldos son bajos.
3. Los horarios no son buenos.
4. Los trabajos que se ofrecen no son interesantes.
5. Las empresas exigen demasiados títulos.
6. Las ofertas de trabajo son insuficientes.
7. La mayoría de los contratos son temporales.
8. Las empresas exigen personal especializado.

◇ A mí me parece que lo más difícil es tener mucha experiencia.
★ Pues yo creo que lo que pasa es que hay pocas ofertas de trabajo.

7. UN ENCUENTRO CASUAL

 A. Concha y Javier se encuentran en la calle. Escucha su conversación. ¿Qué relación crees que tienen? ¿Cuánto tiempo hace que no se ven?

 B. ¿Qué han estado haciendo en todo este tiempo? Escucha la conversación y marca con una cruz las informaciones correctas.

Concha:
☐ Durante estos dos últimos años ha estado viviendo en Londres.
☐ Al principio estuvo trabajando en un banco.
☐ Últimamente ha estado trabajando como jefa de Ventas en una empresa.

Javier:
☐ Durante estos dos años ha estado trabajando en ELECTRÓN.
☐ Hasta esta semana ha estado saliendo con Rosa.
☐ El año pasado estuvo trabajando en una agencia de publicidad.

C. Ahora piensa en estos últimos seis meses. ¿Qué has estado haciendo? Coméntalo con tus compañeros.

 ◇ Yo he estado haciendo prácticas en una empresa y también estuve viajando con unos amigos por España en agosto.

- prácticas
- viaje por España

8. EL PERFIL ADECUADO

A. En parejas, ¿qué perfil creéis que deben tener las personas que trabajan en estos departamentos? Completad las fichas.

Dpto. de Relaciones Públicas

Dpto. de Administración

Dpto. de Ventas

Para trabajar en el Dpto. de Ventas hay que ser una persona activa y...

Dpto. de Formación

Dirección

B. Trabajas en el Departamento de Recursos Humanos de una empresa. ¿Qué departamento crees que pueden llevar estas personas? ¿Por qué? Coméntalo con tu compañero.

Jaime Ferro
Creativo, diplomático, activo y flexible. Es un buen comunicador. Le gustan las ideas originales. Tiene mucha paciencia.

Rosalía Nieto
Seria, independiente, metódica y segura de sí misma. Se le dan muy bien los números. No le gusta tener jefes muy estrictos.

Nuria Arias
Tranquila, segura. Tiene mucha capacidad para analizar situaciones. Sabe llegar a los objetivos que se ha marcado.

Agustín Goya
Sereno, equilibrado, organizado y excelente comunicador. Sabe escuchar a los demás. Se lleva bien con todo el mundo.

Marta Melero
Muy dinámica, innovadora y organizada. No le gusta nada trabajar sola. Es una persona bastante ambiciosa.

◇ Yo creo que Jaime puede encargarse del Departamento de...

9. ¿CÓMO REACCIONAS?

Piensa en lo que haces cuando estás en alguna de las siguientes situaciones y después coméntalo con tus compañeros.

> 1. Cuando estás cansado y tienes mucho trabajo.
> 2. Cuando tu jefe o tu profesor está de mal humor.
> 3. Cuando estás interesado en conocer a alguien.
> 4. Cuando estás enfadado por algo.
> 5. Cuando te duele la cabeza y tienes que estudiar o trabajar.
> 6. Cuando estás aburrido en casa.
> 7. Cuando estás nervioso porque tienes que hacer algo importante.
> 8. Cuando estás muy triste.

siempre
normalmente
muchas veces
a veces
nunca

 ◇ Cuando estoy cansado y tengo mucho trabajo, me tomo un par de cafés.
★ Pues yo, lo que hago a veces es pasear un rato.

10. UN CORREO ELECTRÓNICO

A. ¿Escribes cartas, faxes o correos electrónicos en el trabajo o en casa? ¿A quién? ¿Sobre qué aspectos escribes? Coméntalo con tu compañero.

 ◇ En mi trabajo tengo que escribir muchas cartas comerciales. Nunca escribo a mis amigos...
★ Pues yo, muchas veces, escribo correos electrónicos a...

B. Carmen ha escrito un correo electrónico a una amiga para explicarle cómo le van las cosas. ¿Sobre qué aspectos escribe? Coméntalo con tu compañero.

De: Carmen Fraiz <carmenfr@hola.es>
Fecha: sábado, 20 de octubre de 2000, 14:19
Para: Marga Rodríguez <margar@difusion.es>
Asunto: Buenas noticias

¡Hola Marga!

¿Qué tal? ¿Cómo estás? Espero que bien. Yo estos meses he estado muy ocupada haciendo entrevistas y pruebas y... buenas noticias: ¡he encontrado trabajo! He empezado a trabajar en una empresa que se llama Arquitectura Integrada, en el Departamento de Proyectos. Estoy muy contenta. Me llevo muy bien con mis compañeros y además el trabajo es muy interesante. Estoy muy bien. Esta mañana, por ejemplo, hemos estado pensando en un nuevo proyecto: una zona de juegos infantiles para una calle peatonal. ¿Qué te parece?

Oye, ¿a que no sabes con quién estuve ayer? ¿Te acuerdas de David? Pues estuve cenando con él y con un amigo suyo, Peter, que me cayó muy bien. Es muy simpático y parece muy interesante. No sé, no sé, creo que me gusta. Bueno... ya te contaré.

Más cosas: me he apuntado a un gimnasio. Está al lado de casa y voy casi todos los días. ¡Me encanta! Todo todo el mundo es muy simpático. Ayer estuve tres horas haciendo ejercicios sin parar.

Ahora tengo que dejarte porque tengo mucho trabajo; he aprovechado un ratito de la hora de la comida. Contéstame pronto y me cuentas tus planes, ¿vale?

Un beso
Carmen

vacaciones

relaciones personales

tiempo libre

estudios

familia

trabajo

C. Elige tres de los seis temas anteriores y escribe una carta o un correo electrónico a un amigo. Cuéntale qué has hecho últimamente. No firmes la carta y entrégasela a tu profesor.

D. En parejas. Leed la carta que os ha entregado vuestro profesor e intentad adivinar de quién es.

T UNA NUEVA EMPRESA

A. VitaSport es una nueva empresa que fabrica productos para personas que hacen deporte. Habla con tus compañeros y, en grupos, decidid cómo puede ser el organigrama de la empresa.

◇ Tiene que haber una Dirección General, un Departamento de I + D y un
  Departamento Financiero, ¿no?
★ Sí, y también un Departamento de Personal y dentro de él...

B. Imagina que tienes posibilidades de trabajar en VitaSport. ¿En qué departamento quieres trabajar? ¿Por qué? Convence a tus compañeros para que te propongan como responsable de ese departamento.

◇ Creo que soy un buen candidato para el Departamento de Investigación y
  Desarrollo. He estudiado Biología y soy muy organizado. El año pasado,
  por ejemplo, estuve haciendo unas prácticas en un laboratorio.

C. Ahora, presentad vuestro organigrama al resto de la clase y exponed también vuestras preferencias laborales. El resto de la clase tiene que elegir la mejor propuesta.

 ◇ Nuestra propuesta es...

GRAMÁTICA

Presente de Indicativo

Verbos regulares

TRABAJAR	APRENDER	RECIBIR
trabajo	aprendo	recibo
trabajas	aprendes	recibes
trabaja	aprende	recibe
trabajamos	aprendemos	recibimos
trabajáis	aprendéis	recibís
trabajan	aprenden	reciben

Verbos reflexivos

LLAMARSE
me llamo
te llamas
se llama
nos llamamos
os llamáis
se llaman

Verbos irregulares

SER	IR
soy	voy
eres	vas
es	va
somos	vamos
sois	vais
son	van

E - IE	E - I
ATENDER	**COMPETIR**
atiendo	compito
atiendes	compites
atiende	compite
atendemos	competimos
atendéis	competís
atienden	compiten

O - UE	U - UE
ENCONTRAR	**JUGAR**
encuentro	juego
encuentras	juegas
encuentra	juega
encontramos	jugamos
encontráis	jugáis
encuentran	juegan

1ª PERSONA DEL SINGULAR

ESTAR	OFRECER
estoy, estás, está...	ofrezco, ofreces, ofrece...
DAR	**SABER**
doy, das, da...	sé, sabes, sabe...
TRAER	**PONER**
traigo, traes, trae...	pongo, pones, pone...
HACER	**SALIR**
hago, haces, hace...	salgo, sales, sale...

1ª PERSONA DEL SINGULAR + E - IE / E - I

TENER	VENIR	DECIR
tengo, tienes...	vengo, vienes...	digo, dices...

Expresar una situación pasada en su desarrollo

Pretérito Perfecto del verbo ESTAR + Gerundio
Últimamente **ha estado trabajando** como jefa de Ventas en una empresa.
Durante estos dos últimos años, **ha estado viviendo** en Londres.

Pretérito Indefinido del verbo ESTAR + Gerundio
El año pasado **estuvo trabajando** en una agencia de publicidad.
Ayer **estuve cenando** con David y un amigo.

Hablar sobre el estado de ánimo: ESTAR

¿Qué te pasa?
¿Qué tal estás?
¿Cómo estás?

Estoy
cansado/a.
triste.
nervioso/a.
preocupado/a.
contento/a.
tranquilo/a.
aburrido/a.
enfadado/a.

Hablar sobre las características de una persona: SER

Es un buen comunicador.

Es una persona bastante ambiciosa.

Hablar de relaciones personales

LLEVARSE BIEN... / CAER BIEN...
❖ Yo **me llevo bien con** Elena, es una compañera de trabajo. Comemos juntos todos los días y...

❖ A mí **me cae muy bien** Ernesto porque parece una persona simpática....

Hablar del carácter y de las cualidades
Parece una persona muy caótica.
Se le dan muy bien los números.

Expresar opinión

Realmente **pienso que**, a veces, las empresas no valoran el trabajo de los empleados.

En muchas ocasiones, los estudios no incluyen prácticas que, **en mi opinión**, son fundamentales.

A mí, personalmente, **me parece que** esto es un gran inconveniente...

Para mí, una buena formación es indispensable...

Según ella, ¿por qué es difícil encontrar trabajo?

Precisar una opinión

lo que pasa es que + Presente
❖ A mí me parece que lo más difícil es tener mucha experiencia.
★ Pues yo creo que **lo que pasa es que** hay pocas ofertas de trabajo.

Enfatizar una costumbre

lo que hago es + Infinitivo
❖ Cuando estoy cansado y tengo mucho trabajo, me tomo un par de cafés.
★ Pues yo, **lo que hago** a veces **es** pasear un rato.

POR

Causa
Estudio español **por** motivos personales.

Voz pasiva
La experiencia es uno de los aspectos más valorados **por** las empresas.

Movimiento
Viajo mucho **por** países de habla hispana.

PARA

Finalidad, objetivo
Necesito el español **para** poder comunicarme con la gente.

Destinatario
❖ Creo que soy un buen candidato **para** el Departamento de Investigación y Desarrollo.

Frecuencia

siempre
normalmente
muchas veces
a veces
nunca

❖ Yo en mi trabajo tengo que escribir muchas cartas comerciales. **Nunca** escribo a mis amigos...
★ Pues yo, **muchas veces**, escribo correos...

Describir las funciones que realiza una persona

Lleva las nóminas. **Se encarga de** preparar los nuevos contratos, de tramitar...

Es responsable de los envíos al extranjero.

Se dedica a visitar a los distribuidores y a los clientes.

De viaje

1. VACACIONES

A. Lee el artículo. Subraya las diferentes formas de pasar las vacaciones y después completa el cuadro.

Vacaciones

Cuando el buen tiempo anuncia la llegada del verano, la pregunta más escuchada en la oficina, con los amigos o con la familia es siempre la misma: ¿Qué vas a hacer estas vacaciones? ¿A dónde vas a ir este verano? Hay mucha gente que no tiene dudas: planifica sus vacaciones con tiempo, elige destinos ya conocidos y en el mes de marzo ya tiene alquilado, como en años anteriores, un apartamento junto al mar. Algunas personas, sin embargo, pocos días antes del comienzo de sus vacaciones, se siguen peleando con los folletos de cinco o seis agencias de viajes buscando un destino no demasiado caro y, al mismo tiempo, atractivo.

Solos, en compañía de amigos o familiares; en viajes organizados o por su cuenta; en apartamentos, en hoteles o en cámpings; a destinos conocidos dentro del propio país o a lugares exóticos y remotos donde vivir aventuras; viajes para descansar en pueblos tranquilos o vacaciones para visitar museos y callejear por grandes ciudades; todo sirve para recargar las pilas.

La mayoría de los españoles consume más de 15 días fuera de su casa y muchos lo hacen dentro del país; pocos salen al extranjero. Y si la cuestión es con quién pasar las vacaciones, la mitad de los hombres y de las mujeres prefieren pasarlas en familia...

Según los expertos, es fundamental el tipo de viaje que elegimos, pero también es muy importante no sobrevalorar las vacaciones, evitar las expectativas demasiado ambiciosas que, si no se cumplen, pueden provocar frustración, angustia y miedo al regreso. No hay que creer que durante este periodo en que los horarios y los hábitos de vida cambian, los problemas, las dificultades y los sinsabores del día a día van a desaparecer.

acompañantes	destinos	alojamientos	tipos de viaje

B. ¿Cómo crees que pasa la gente las vacaciones en tu país? Coméntalo con tu compañero.

 ◇ La mayoría de la gente sale al extranjero...

2. DE VIAJE

A. En la revista "Vivir y viajar" se ha publicado este cuestionario. ¿Quieres saber qué tipo de viajero eres? Marca la opción con la que más te identificas.

¿Cómo le gusta viajar?

1. Cuando me voy de viaje,
a. me pone muy nervioso preparar las maletas. Nunca sé qué llevarme.
b. me gusta llevarme un poco de todo. Nunca sabes en qué situación te vas a encontrar.
c. no soporto hacer las maletas; me llevo muy pocas cosas, sólo lo necesario.

2. Siempre me llevo...
a. un pijama y un paraguas.
b. una guía y una cámara de fotos.
c. un saco de dormir y una toalla.

3. Cuando estoy de vacaciones,
a. me pone de mal humor no ver todo lo que hay en un lugar.
b. me interesan los monumentos y los museos pero no necesito verlo todo; siempre puedo volver otra vez.
c. lo que más me divierte es pasear por las calles y ver cómo vive la gente.

4. Respecto a la comida:
a. Reconozco que soy un poco delicado para comer y sólo como platos que conozco.
b. Intento comer los platos del país, pero no como cosas raras.
c. Me encanta probar platos nuevos del país o de la región.

5. Durante las vacaciones,
a. siempre pienso en lo que tendré que hacer a la vuelta; nunca desconecto.
b. a veces me acuerdo del trabajo; pero no mucho.
c. me molesta pensar en el trabajo. Prefiero olvidarme de todo.

6. Prefiero viajar...
a. con todo organizado por una agencia y con un guía turístico.
b. con el vuelo y el hotel reservado.
c. por mi cuenta y sin reservas.

7. Normalmente viajo...
a. con mi familia.
b. con mi pareja.
c. con algún amigo o solo.

8. Con relación a las compras:
a. Compro compulsivamente y vuelvo a casa con montones de cosas que no necesito.
b. Me encanta comprar recuerdos típicos de los lugares a los que viajo. Siempre compro regalos.
c. Si estoy en el extranjero, compro cosas que realmente me gustan y que sé que no voy a encontrar en mi país, por ejemplo, música o algún libro.

9. Cuando voy de vacaciones,
a. odio los lugares donde hace frío y llueve. Me apasionan el sol y la playa.
b. intento viajar cuando hace buen tiempo.
c. no me importa el clima.

10. Si me interesa un viaje,
a. el precio me da igual, lo importante es el viaje. Si no tengo dinero, pido un crédito.
b. durante el año intento ahorrar para las vacaciones.
c. planifico mis vacaciones en función de mi presupuesto.

B. Ahora, lee las soluciones. ¿Te identificas con los resultados del test?

Mayoría de respuestas A: ¿Está seguro de que usted viaja para relajarse y descansar? Recuerde que las vacaciones también sirven para desconectar.

Mayoría de respuestas B: En general, es usted un buen viajero. Le da mucha importancia a la comodidad pero se adapta a todo tipo de situaciones. Puede ser muy exigente si sus expectativas no se cumplen.

Mayoría de respuestas C: El mundo es suyo. Es usted un auténtico viajero que disfruta de todas las nuevas experiencias. Cuidado con los viajes con demasiada aventura.

C. Comenta los resultados del cuestionario con dos compañeros. ¿Con quién tienes más cosas en común a la hora de viajar?

◇ Yo nunca sé qué ropa llevarme.
★ Pues yo no soporto hacer las maletas.
○ A mí no me molesta.

3. EL PASAPORTE

A. Carlos está mirando su pasaporte con un amigo. Escucha la conversación y marca si las siguientes frases son verdaderas o falsas.

	Verdadero	Falso	No se sabe
1. Ha estado en Brasil, Kenia y Turquía.			
2. Ha viajado mucho por África.			
3. Estuvo en la filial de Brasil hace unos cinco años.			
4. Fue a Kenia cuando se casó.			
5. Ha estado dos veces en Turquía por motivos laborales.			
6. Ha estado en Nueva York muchas veces.			
7. Estuvo en Venezuela el año pasado en un congreso.			
8. Esta semana ha ido a Suiza.			

B. Compara tus respuestas con tu compañero. Después, vuelve a escuchar y comprueba.

C. ¿Y tú? ¿Viajas mucho? ¿Dónde has estado? Completa tu pasaporte con nombres de lugares que has visitado. Después coméntalo con tu compañero.

 ◇ Este año he estado en Marruecos y el año pasado fui unos días a Londres.

4. VIAJAR A LA PAZ

A. La próxima semana vas a ir de viaje a La Paz (Bolivia). Lee estas recomendaciones. ¿Qué te vas a llevar? Haz una lista y después compárala con la de tu compañero. ¿Os vais a llevar las mismas cosas?

LA PAZ
DE NEGOCIOS O DE VACACIONES

La Paz puede ser un buen destino para hacer negocios o para sus vacaciones en cualquier época del año, ya que el clima no tiene grandes variaciones. La situación tropical de Bolivia hace que las estaciones estén directamente relacionadas con las lluvias. No hay cuatro estaciones (primavera, verano, otoño e invierno), sino un invierno (seco) y un verano (húmedo).

¿Cúando hay que viajar?

Estación seca o húmeda
La mejor época del año es la estación seca (de mayo a octubre). Llueve poco y durante el día la temperatura es muy agradable (entre 15 y 20 grados). Hace mucho sol y hay que protegerse porque, debido a la altura de la ciudad (3000 metros sobre el nivel del mar), es muy fácil sufrir quemaduras. Por la noche, la temperatura baja rápidamente y hace frío (1° sobre cero). Si viaja durante la estación húmeda (entre noviembre y marzo/abril), tenga en cuenta que en diciembre empiezan las lluvias, que pueden ser casi diarias. Las temperaturas oscilan entre los 7 grados por la noche y los 18 durante el día.

¿Qué hay que llevar?

Ropa y medicamentos
En cualquier época del año, ponga en su maleta prendas de entretiempo: jerseys de lana y algún abrigo ligero. En la estación húmeda es aconsejable coger el impermeable y un paraguas. La Paz es una ciudad grande y agotadora, ya que tiene enormes desniveles. Lleve zapatos cómodos o zapatillas de deporte. Un traje con corbata para los señores y ropa elegante (sin olvidar las medias o pantys) para las señoras son recomendables para entrar en los restaurantes de algunos hoteles.

Llévese medicamentos para combatir los efectos de la altura, el «soroche», que puede provocar dificultades respiratorias o fuertes dolores de cabeza. Unas gafas de sol y una buena crema de protección solar son fundamentales.

B. Cuando tú viajas, ¿qué te llevas siempre? ¿Te llevas algo especial? Cuéntaselo a tus compañeros de clase.

◇ Yo siempre me llevo un buen libro y una foto de mi familia.

5. UN VIAJE DE EMPRESA: DOS POSIBILIDADES

A. Mira estas fotografías. Corresponden a dos países muy diferentes. ¿Sabes qué países son? ¿Qué tiempo crees que hace en cada uno?

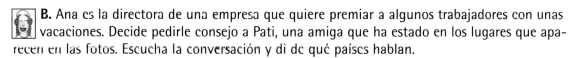

 ◇ Yo creo que aquí hace mucho frío. No sé, parece un país del norte.
★ Sí, pero esto es una isla, ¿no?

 B. Ana es la directora de una empresa que quiere premiar a algunos trabajadores con unas vacaciones. Decide pedirle consejo a Pati, una amiga que ha estado en los lugares que aparecen en las fotos. Escucha la conversación y di de qué países hablan.

 C. Escucha otra vez. ¿Qué destino le aconseja Pati a Ana? ¿Por qué? Y tú, ¿cuál de los dos destinos le aconsejarías? ¿Le recomendarías otro lugar?

 ◇ Yo, en su lugar, iría a...

D. ¿Y a ti, en este momento, dónde te gustaría estar?

◇ A mí, ahora mismo, me gustaría estar en Argentina, en Buenos Aires.

6. UN COMPAÑERO DE VIAJE

A. Lee lo que hacen Mercedes, Sergio y Gerardo durante sus vacaciones y completa el cuadro.

	Mercedes Vidal	Sergio Millán	Gerardo Sicilia
Actividades durante sus vacaciones			
Objetivo de sus viajes			
Forma de viajar			
Gustos y manías			

Mercedes Vidal
Trabaja en una editorial en Madrid y siempre que puede hace un gran viaje fuera de la temporada turística. Le encantan los países exóticos: pasear, hablar con la gente y hacer fotografías. Cree que en la vida es necesario conocer diferentes culturas. Viaja con una mochila, a pie o en autobús y así ha recorrido medio mundo: Turquía, India, Costa de Marfil, México... No le importa viajar sola, pero prefiere ir con un buen compañero de viaje. No soporta los lugares turísticos. Tiene un problema: le pone muy nerviosa ir en avión pero, si es necesario, se toma una pastilla para dormir.

Sergio Millán
Le apasiona el arte y sus vacaciones son una continuación de su vida profesional. Trabaja en una galería de arte contemporáneo y cuando está de viaje busca siempre nuevos talentos. Le gustan las grandes capitales: Nueva York, Londres, Berlín... Suele ir a los lugares que están de moda y visita todas las exposiciones que encuentra. Contrariamente a mucha gente, no le ponen nervioso las grandes aglomeraciones y no le molesta ir en metro. Le encanta el avión porque es una forma rápida de viajar y nunca viaja en tren, no lo soporta: ¡es tan lento! Muchas veces viaja solo, pero no le gusta.

Gerardo Sicilia
Es farmacéutico y suele trabajar seis días a la semana. Cuando tiene vacaciones su objetivo es relajarse y disfrutar. Por la mañana se levanta tarde, pasa el resto del día en la playa y sale todas las noches. Normalmente se aloja en un buen hotel o en un apartamento y suele viajar en avión. Siempre alquila un coche para poder desplazarse por la zona. Le gusta la compañía y nunca viaja solo. Le encanta tomar el sol y su pasión es el windsurf, pero no soporta las playas llenas de gente.

B. ¿Con cuál de los tres te irías de viaje? ¿Por qué? Coméntalo con tu compañero.

◇ Yo me iría con Gerardo porque a mí también me **apasiona** el windsurf y la playa. ¿Y tú con quién te irías?

7. MEDIOS DE TRANSPORTE

A. De los siguientes medios de transporte, ¿cuáles crees que utiliza más la gente en tu ciudad para ir al trabajo? Coméntalo con tu compañero.

 ◇ Yo creo que la mayoría de la gente va en autobús.
★ Yo diría que también hay muchos que van en bicicleta...

B. Escucha a Gabriel y a Paula. Hablan sobre los medios de transporte que se utilizan en Barcelona y en Buenos Aires. Escucha y toma nota de los medios de transporte que se nombran.

Barcelona

Buenos Aires

C. Vuelve a escuchar. ¿Qué medios de transporte son más comunes en estas ciudades? ¿Se llaman de la misma forma en Argentina y en España?

D. Ahora, pregunta a tus compañeros qué medio de transporte utilizan con más frecuencia para venir a clase.

En Barcelona, la mayoría de la gente...

 ◇ Yo vengo a clase a pie.
★ ¡Qué suerte! Yo no. Yo vengo en...

8. ¡BUEN VIAJE!

A. Todo el mundo tiene sus gustos y preferencias cuando hace un viaje de negocios o de placer. ¿Con cuáles de estas afirmaciones te identificas tú? Márcalo con una cruz.

☐ Me encanta preparar el equipaje.	☐ Me molestan los lugares con aire acondicionado.
☐ Me pone nervioso tener que hacer cola.	☐ No soporto la comida que te dan en los aviones.
☐ Me aburre tomar el sol.	☐ Me encanta aprender a decir cosas en el idioma del país donde estoy.
☐ Los retrasos en los aeropuertos me ponen de mal humor.	
☐ Me interesa mucho la historia del país que visito.	☐ Siempre voy a hoteles cómodos, no me importa el precio.
☐ Me divierte comprar regalos.	☐ Me apasiona visitar los mercados y ver qué compra la gente.

B. Haz preguntas a tus compañeros para saber quién está de acuerdo contigo.

◇ A mí, me molestan los lugares con aire acondicionado. ¿Y a ti?
★ Pues a mí, si hace calor, me encanta el aire acondicionado.

9. LUGARES Y EXPERIENCIAS

A. ¿Has viajado mucho? ¿Qué experiencias has tenido? Completa el cuadro con los nombres de los países o las ciudades que, por una razón u otra, recuerdas.

El lugar...	TÚ	TU COMPAÑERO
... más bonito		
... más divertido		
... más aburrido		
... que tiene el monumento más impresionante		
... más lejano		
... donde se come mejor		
... al que me gustaría volver		

B. Ahora pregúntale a tu compañero.

◇ ¿Cuál es el lugar más bonito que has visitado?
★ Viena, estuve unos días el año pasado... Es una ciudad preciosa, muy romántica. ¿Y tú?
◇ El lugar más bonito que he visitado yo es Suiza. He estado tres veces pero siempre por trabajo.

10. POSTALES

A. Aquí tienes la postal que una chica escribe a sus compañeros de trabajo. Léela. ¿En qué país está Pepa?

¡Hola a todos!
¿Qué tal por la oficina?
Este país es muy interesante. Hace muchísimo
calor pero, por suerte, tengo la playa al lado.
¡Qué café tan bueno! Por cierto, si quieres
tomarte uno, tienes que pedir un "tinto".
La naturaleza es increíble. Hay momentos que
creo que estoy en un libro de García Márquez.
Mañana me voy a Cartagena de Indias, dicen
que es muy bonita.
Un abrazo para todos
Pepa

B. Mira estas fotos, elige una y escribe una postal a tus compañeros de trabajo o de clase. Ellos tienen que adivinar dónde estás.

1

8

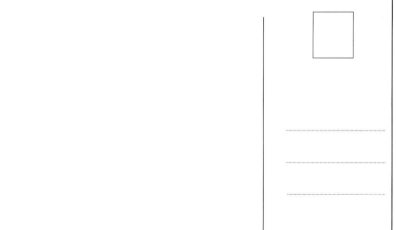

7

6

2

3

4

5

11. EL EQUIPAJE

A. Tienes que ir a Bilbao para asistir a un congreso sobre medio ambiente. Éste es el programa de lo que vas a hacer. ¿Qué pondrías en la maleta? ¿Por qué? ¿Te llevarías otras cosas?

IX CONGRESO INTERNACIONAL DE MEDIO AMBIENTE
6, 7 y 8 de Octubre ▪ BILBAO ▪ Palacio de Congresos

Martes, 6 de octubre	
9.30:	Entrega de documentación.
11.00:	Inauguración del Congreso a cargo del consejero de Medio Ambiente del Gobierno Vasco.
11.30:	Sesión a cargo de representantes del Ministerio de Medio Ambiente: "Nuevas leyes para la protección del medio ambiente"
12.30:	Pausa.
13.00:	Debate.
15.30:	Mesa redonda:"La contaminación industrial. Responsabilidad y respuestas técnicas".
17.30:	Debate.
21.00:	Recepción del alcalde de Bilbao en el Ayuntamiento y cena de gala en el Hotel Arcilla.

Miércoles, 7 de octubre	
9.30:	Conferencia: "Contaminación y medios de transporte: los vehículos eléctricos".
11.00:	Pausa.
12.00:	Presentación de nuevos productos: "Auto 1000, un nuevo modelo de coche eléctrico".
13.00:	Presentación de nuevos productos: "Fertilizantes ecológicos".
15.30:	Experiencias: "Tratamiento de los residuos: el caso del municipio de Erzea".
17.30:	Visita a Erzea.

Jueves, 8 de octubre	
9.30:	Mesa redonda: "La contaminación y la salud", con la asistencia de representantes del Ministerio de Sanidad.
11.30:	Pausa.
12.00:	Conferencia: "Estudio sobre los efectos de la contaminación en la población infantil de las grandes ciudades".
15.30:	Clausura a cargo del comisario de la Dirección de Medio Ambiente de la Unión Europea.
18.00:	Paseo por la ciudad. Visita al Museo Guggenheim.

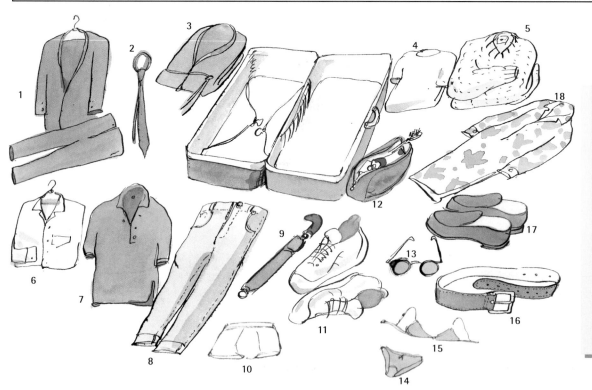

un traje
una camiseta
un jersey
un vestido
un albornoz
una corbata
una camisa
unos zapatos
un polo
un cinturón
unos pantalones tejanos
unas zapatillas de deporte
un paraguas
unas gafas de sol
unos calzoncillos
unas bragas
un sujetador
un neceser

B. Coméntalo con tu compañero. ¿Os llevaríais las mismas cosas?

◇ Pues yo me llevaría el traje y la corbata.
★ Yo una corbata, no. Nunca llevo corbata...

C. La próxima semana vas a hacer un viaje. Decide tú el destino, el motivo y los días que vas a estar fuera. Escríbelo.

D. Explica a dos compañeros lo que vas a hacer y pídeles que te ayuden a preparar el equipaje.

◇ Voy a ir a Londres un par de días a una reunión de trabajo. ¿Qué me llevo?
★ Yo, en tu lugar, me llevaría un paraguas.

T **DOS SEMANAS DE VACACIONES**

A. Tienes dos semanas de vacaciones. ¿Qué te gustaría hacer con ellas? Piensa en cuándo irías, con quién, dónde y cómo.

B. Tu compañero también tiene dos semanas de vacaciones. ¿Por qué no le ayudas a planificarlas? Para ello, pregúntale sobre sus gustos, sus costumbres y preferencias cuando viaja. Prepara antes las preguntas.

◇ ¿Te molesta el calor?
★ No, no. El calor me encanta.

C. Con la información que tienes ahora sobre tu compañero y a partir de tus propias experiencias, ¿qué le aconsejas? Piensa en una propuesta atractiva e intenta convencerle.

◇ Yo que tú iría a... Estuve el año pasado y...

D. Al final, ¿qué vas a hacer tú en vacaciones? Coméntalo con tus compañeros.

GRAMÁTICA

Condicional

VIAJAR	VER	PEDIR
viajaría	vería	pediría
viajarías	verías	pedirías
viajaría	vería	pediría
viajaríamos	veríamos	pediríamos
viajaríais	veríais	pediríais
viajarían	verían	pedirían

Verbos irregulares

decir	dir-	
haber	habr-	
hacer	har-	ía
poner	pondr-	ías
poder	podr-	ía
querer	querr-	íamos
saber	sabr-	íais
salir	saldr-	ían
tener	tendr-	
venir	vendr-	

Condicional: usos

Hablar de situaciones hipotéticas
◆ Yo me iría con Gerardo porque a mí también me apasiona el windsurf y la playa. ¿Y tú, con quién te irías?

Hablar de deseos
★ A mí, ahora mismo, me gustaría estar en Argentina, en Buenos Aires.

Consejos y recomendaciones
★ Yo, en tu lugar, me llevaría un paraguas.

◆ Pues yo me llevaría el traje y la corbata.

◆ Yo que tú iría a Cuba.

Pretérito Perfecto

haber + Participio

he	
has	
ha	viajado
hemos	comido
habéis	vivido
han	

Participios irregulares

ver	visto	abrir	abierto
volver	vuelto	cubrir	cubierto
morir	muerto	decir	dicho
poner	puesto	romper	roto
escribir	escrito	hacer	hecho

Hablar de experiencias pasadas

En un tiempo no explícito (Pretérito Perfecto)
◆ El lugar más bonito que he visitado yo es Suiza. He estado tres veces.

En un tiempo no acabado
★ Esta semana ha ido a Suiza.

En un tiempo pasado próximo al presente
(Hoy es lunes) Este fin de semana he estado en Madrid.

En un tiempo determinado que no tiene relación con el presente (Pretérito Indefinido)
Estuvo en Venezuela el año pasado.
Fue a Kenia cuando se casó.

Expresar gustos y sentimientos

			gusta/n
			encanta/n
(A mí)		me	aburre/n
(A ti)		te	molesta/n
(A él, ella, usted)	(no)	le	divierte/n
(A nosotros/as)		nos	interesa/n
(A vosostros/as)		os	pone/n nervioso/a/s
(A ellos, ellas, ustedes)		les	pone/n de mal humor
			importa/n
			apasiona/n

Lo que más me divierte es pasear por las calles.
Me molestan los lugares con aire acondicionado.

ODIAR
Odio los lugares donde hace frío y llueve.

SOPORTAR
No soporto la comida que te dan en los aviones.

El tiempo meteorológico

Hace	muy	buen tiempo. mal día.
Hace	mucho	sol. calor. frío. viento.
Hace	un día una mañana una tarde una noche	estupendo/a. precioso/a. horrible.
Hay		nubes. niebla. tormenta. humedad.
Está		nublado.

LLOVER
llueve

NEVAR
nieva

Hablar de cantidad de personas

Todo el mundo Casi todo el mundo		pasa dos semanas fuera de casa.
La mayoría La mitad	de	los españoles viaja con la familia. la gente alquila un apartamento.
La gente Mucha gente Poca gente		prefiere salir al extranjero.
Muchos Algunos Pocos		(españoles) viajan con la familia.
Casi nadie Nadie		pasa solo sus vacaciones.

LLEVAR - TRAER

LLEVAR
◇ Yo nunca llevo corbata.

La Paz es una ciudad grande... con enormes desniveles. Lleve zapatos cómodos...

TRAER
He traído un café muy bueno de Colombia.

IR - VENIR

IR
◇ La mayoría de la gente va al trabajo en autobús.

VENIR
◇ Yo vengo a clase a pie.

3

Productos de ayer y de hoy

1. EL CHOCOLATE

A. ¿Te gustan los dulces? Responde **sí** o **no** a estas preguntas sobre el chocolate. Después, coméntalo con tu compañero.

1. ¿Te gusta el chocolate?		4. ¿Te gusta regalar chocolate?	
2. ¿Comes mucho chocolate?		5. ¿Crees que es malo para la salud?	
3. ¿Sueles tener chocolate en casa?		6. ¿Has hecho alguna vez un pastel de chocolate?	

 ◇ A mí me encanta el chocolate. ¿Y a ti?

B. La empresa "Chocolé" fabrica chocolate desde hace 75 años. Para celebrarlo ha realizado un publirreportaje. ¿En qué párrafo del texto se incluye cada una de estas ideas?

El chocolate se extendió por Europa después del matrimonio entre una princesa española, que tomaba mucho chocolate, y un rey de Francia.

"Chocolé" se produce en los cinco continentes.

Hasta finales del siglo XIX el chocolate se tomaba habitualmente con azúcar y sin leche.

Hace 75 años los chocolates de "Chocolé" eran artesanales.

La cultura azteca utilizaba el cacao como moneda de cambio.

El chocolate empezó a tomarse en Europa a principios del siglo XVII.

LA LEYENDA DEL CHOCOLATE

LA HISTORIA DE CHOCOLÉ

Cuenta la leyenda que en el paraíso de la mitología azteca había un árbol que tenía poderes beneficiosos. Quetzacoatl, el dios bueno y el jardinero del paraíso, regaló a los hombres el árbol del cacao porque daba fuerza al que comía sus frutos. A partir de ese momento los aztecas empezaron a usar el rico fruto como alimento y también como dinero.

Los viajes de Cristóbal Colón permitieron el descubrimiento de un nuevo continente y el de un nuevo alimento: el cacao. En realidad, en Europa nadie lo consumía hasta que, a principios del siglo XVII, un monje franciscano llegó de América con una nueva bebida: el chocolate mezclado con azúcar.

Y la bebida de los dioses se convirtió en la bebida de los reyes. A la infanta española Ana de Austria le gustaba mucho el chocolate y cuando se casó con Luis XIII, rey de Francia, la corte francesa empezó también a beberlo. Su consumo se extendió por las cortes de España, Francia e Inglaterra.

En aquella época el chocolate azucarado sólo lo tomaban la alta burguesía y la aristocracia europeas. A finales del siglo XIX apareció el chocolate con leche y se convirtió en un producto de consumo masivo.

La historia de "Chocolé" empezó en España hace 75 años. En aquellos tiempos la fábrica era muy pequeña y el proceso de elaboración del producto se hacía de una manera totalmente artesanal. Había muy pocos trabajadores en plantilla y nuestra producción no superaba las 5000 tabletas al mes. Por aquel entonces sólo fabricábamos una variedad de chocolate con leche, nuestro clásico "Chocolé".

A partir de 1977 introdujimos nuevas variedades de chocolate en el mercado: el chocolate con almendras, el chocolate blanco, nuestros exquisitos bombones... Hoy en día "Chocolé" está presente en los cinco continentes, el proceso de producción se realiza con las últimas novedades tecnológicas y tiene más de 1000 trabajadores en plantilla. Actualmente, nuestra empresa es una de las más importantes del sector en todo el mundo.

2. UN COCHE HISTÓRICO

A. El 600 es un coche de fabricación española. ¿Sabes de qué época es? ¿Conoces otros coches históricos? Coméntalo con tu compañero.

◇ Es un coche de los años cincuenta, ¿no?
★ A mí me parece de la misma época que...

B. Estas frases están relacionadas con el 600. ¿Cuáles crees que son verdaderas? Después, compara con tu compañero.

	Verdad	Mentira
1. El 600 era un coche para jóvenes.		
2. El primer modelo se fabricó a mediados de los años 60.		
3. El proceso de montaje de las piezas se hacía manualmente.		
4. Para poder comprar un 600 muchos trabajadores tenían dos empleos.		
5. Un 600 costaba unas 70 000 pesetas (el sueldo de un obrero era de 3000 ptas. al mes).		
6. De la fábrica salían diariamente unos 300 coches.		

◇ Era un coche para jóvenes.
★ ¿Tú crees que los jóvenes tenían dinero para comprar un coche?

C. Ahora escucha a Manuel López, un obrero que trabajaba en la fábrica que producía "seiscientos" en aquella época, y comprueba tus respuestas.

D. ¿Y tú?, ¿tienes un recuerdo especial de algún coche?

◇ Cuando tenía 10 años mis padres tenían un...

3. SOMOS LOS MEJORES

A. Lee este anuncio. ¿A qué tipo de establecimiento corresponde?

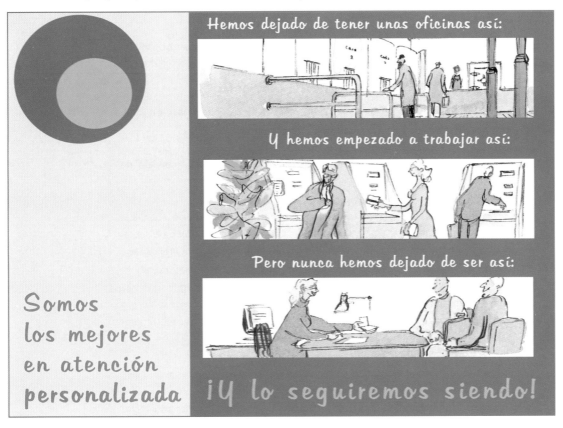

Somos los mejores en atención personalizada

Hemos dejado de tener unas oficinas así:

Y hemos empezado a trabajar así:

Pero nunca hemos dejado de ser así:

¡Y lo seguiremos siendo!

B. ¿Cuál de estas frases resume mejor el mensaje que el anuncio quiere transmitir?

Hemos empezado a abrir nuevas oficinas en todo el país.

Hemos dejado de utilizar cajeros automáticos.

El cliente ha dejado de ser el protagonista.

La decoración de las oficinas sigue siendo la misma.

El cliente sigue siendo lo más importante.

Ahora no ofrecemos atención personalizada al cliente.

C. Como cliente de un establecimiento, ¿qué es lo que más valoras y lo que menos? ¿Cuántos compañeros están de acuerdo contigo?

◇ Yo lo que más valoro es...
  ¿Y tú?

- la decoración del establecimiento
- la rapidez en el servicio
- la atención al cliente
- la flexibilidad de horarios
- el precio
- la calidad del producto

4. ATENCIÓN AL CLIENTE

A. Lee esta carta y completa la ficha de abajo.

Juan Fabricio
C/Valencia 160, 4° D
08015 Barcelona

Dpto. de Comunicación TELETEL
Avda. Diagonal, 56
08020 Barcelona

Barcelona, 3 de septiembre de 2000

Estimados señores:

Me dirijo a ustedes para expresarles mi descontento por el nuevo servicio de atención telefónica al cliente.

Hace tres años que utilizo los servicios telefónicos de información de TELETEL. Antes, llamaba al número 400 y, después de una breve espera, hablaba directamente con un empleado de la compañía. Era alguien que siempre me atendía con amabilidad y podía dar respuesta a todas mis consultas. Desgraciadamente, ahora tengo que hablar con un contestador automático que me obliga a seguir unas instrucciones interminables y que, a menudo, después de un largo proceso no me ofrece la solución que necesito. Por lo visto, ya no existen operadores en su compañía.

Comprendo que hay que adaptarse a las nuevas tecnologías, pero, en este caso, el servicio totalmente automatizado no responde a mis necesidades. Como cliente quiero expresarles mi queja por este servicio; realmente estaba más satisfecho antes y me gustaría volver a poder hablar con una persona.

Espero que solucionen este problema; en caso contrario, me veré obligado a cambiar de compañía.

Atentamente.

Juan Fabricio

Servicio de atención al cliente		
Fecha:	Cliente:	
Destinatario:		
Motivo de la carta:		

B. En Teletel han recibido cientos de cartas como la de Juan Fabricio. ¿Qué medidas crees que deben tomar para no perder a sus clientes? Coméntalo con tus compañeros.

⬦ Deberían ofrecer un servicio...
★ Pues yo creo que tienen que...

C. Ahora lee la carta que Teletel ha enviado a su cliente. ¿Ofrecen una solución adecuada?

Avda. Diagonal, 56   08020 Barcelona

Juan Fabricio
C/Valencia 160, 4° D
08015 Barcelona

Barcelona, 12 de septiembre de 2000

Distinguido Sr. Fabricio:

He recibido su carta y lamento mucho su descontento con nuestros servicios. Implantamos el nuevo sistema de respuesta totalmente automatizada pensando que, de este modo, el cliente podía llamar a cualquier hora del día o de la noche.

Hemos realizado un estudio sobre el grado de satisfacción de nuestros usuarios y hemos comprobado que, en efecto, la mayoría prefiere hablar con operadores. En vista de estos resultados, hemos decidido volver al sistema anterior pero sin sacrificar el horario. A partir de ahora ofreceremos una atención personalizada durante el día y un servicio automatizado durante la noche. De esta forma, esperamos cubrir las necesidades de todos nuestros clientes.

Pedimos disculpas por las molestias ocasionadas y deseamos poder seguir teniéndole como cliente durante mucho tiempo.

Un cordial saludo.

Sara Chillida
Jefa del Departamento de Comunicación

D. ¿Cómo son los servicios telefónicos en tu país? ¿Han cambiado mucho con respecto a hace unos años? ¿Qué cambios crees que son necesarios? Coméntalo con tus compañeros.

⬦ Hasta hace unos años sólo había una compañía telefónica y llamar por teléfono era muy caro...
★ Sí, ahora hay más competencia y todo es más barato...

5. ÉPOCA DE CAMBIOS

A. Lee el artículo. Teniendo en cuenta el título del texto, subraya las palabras o ideas que consideres más importantes.

Comer en treinta minutos

A finales de los años 70 se produjeron en España grandes transformaciones. Hubo importantes cambios políticos, también se dieron cambios económicos y, por supuesto, cambios sociales en grandes y en pequeñas cosas. Desde entonces hasta nuestros días muchas cosas son diferentes. Uno de los aspectos sociales con cambios más significativos es el relativo a la comida: en la actualidad, los españoles comemos de forma diferente a como comíamos en los años 70. Es ver-

dad que hay cosas que siguen siendo igual: el aceite de oliva era y es uno de los pilares de nuestra dieta, así como el pescado, que antes se consumía, sobre todo, fresco. Sin embargo, la incorporación de la mujer al trabajo ha favorecido la aparición de productos que en aquellos años no existían: los alimentos congelados y los platos precocinados. Antes, preparar una comida podía llevar horas; en nuestros días, calentar un precocinado supone tan sólo unos minutos en un microondas (aparato inexistente en los hogares españoles de los 70).

Y junto con los precocinados y los congelados aparecieron los primeros productos importados como las hamburguesas, el *ketchup*, la leche y los zumos en *tetrabrik* y los cereales, que se introdujeron como alimento infantil y conquistaron después a toda la familia (ahora, mucha gente los toma para desayunar; hace 30 años, las galletas eran el pro-

ducto estrella del desayuno). Y no sólo ha cambiado lo que se come, sino cuándo, cómo y dónde se compra lo que se come: en los años 70 los españoles empleaban una hora para comer; hoy en día muchos comen en 30 minutos. Si pensamos en establecimientos, antes la gente compraba en los mercados o en pequeñas tiendas de barrio y tenían que ajustarse a un horario limitado. A mediados de los años 70 sólo había 12 hipermercados en toda España; casi cuatro décadas después hay miles de ellos por todo el país. Además, hoy en día es posible hacer la compra cualquier día de la semana y a cualquier hora.

B. Ahora haz un resumen del texto a partir de lo que has subrayado. Intenta utilizar tus propias palabras.

sin embargo
en cambio
porque
debido a
además

C. ¿Ha habido cambios en tu país respecto a los hábitos relacionados con la alimentación, en los últimos años? Y tú, ¿has cambiado tus hábitos? Coméntalo con tu compañero.

 ◇ El año pasado trabajaba mucho y nunca tenía tiempo de cocinar.
★ Yo siempre comía fuera de casa.

6. LOS REYES MAGOS

A. ¿Sabes quiénes son los Reyes Magos? Si no lo sabes, pregúntale a tu profesor. ¿Cuál es el equivalente para los niños de tu país?

B. Observa estos juguetes. ¿Con qué crees que juegan los niños actualmente? Coméntalo con tu compañero.

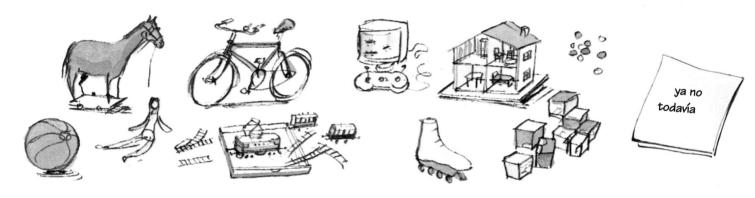

ya no
todavía

 ◇ Ahora los niños ya no juegan con canicas...
★ Pues yo creo que sí. Mi sobrino todavía juega con canicas.

C. Sara, la hija de Pedro, ha escrito como cada año su carta a los Reyes Magos. Escucha la conversación de Pedro con una compañera de trabajo. ¿Qué regalos ha pedido Sara?

D. Escucha el diálogo otra vez. ¿Qué van a traerle los Reyes a Sara?

E. ¿Y tú, cuando eras pequeño, con qué jugabas? ¿Qué regalos recuerdas? Coméntalo con el grupo.

 ◇ Yo tenía una guitarra. Me la regaló mi hermano. Siempre me obligaban
a cantar en las fiestas.

7. UN PRODUCTO CON HISTORIA

A. La empresa Jabones de Castilla celebra su 70 aniversario. El Departamento de Marketing ha preparado un publirreportaje para la promoción de sus productos. Escucha y ordena las imágenes que van a acompañar el publirreportaje.

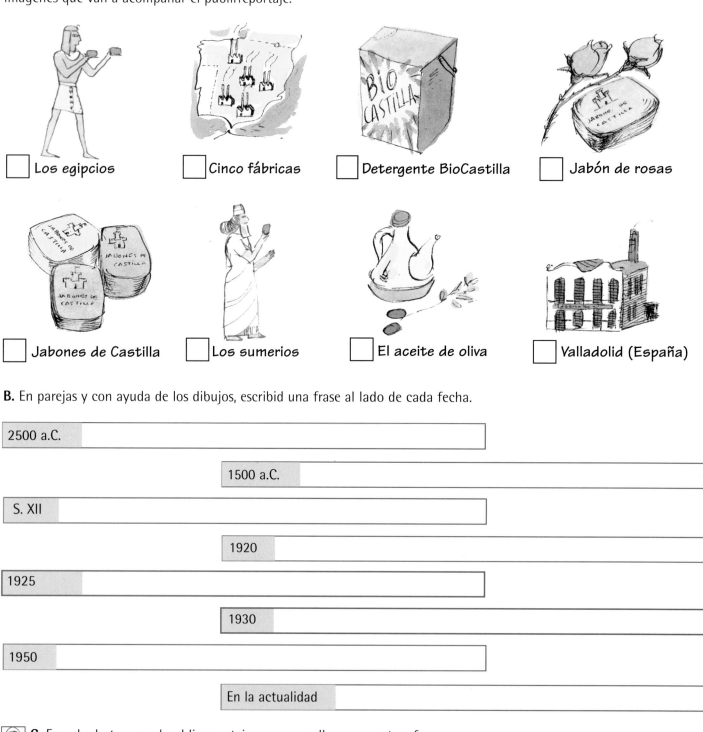

☐ Los egipcios ☐ Cinco fábricas ☐ Detergente BioCastilla ☐ Jabón de rosas

☐ Jabones de Castilla ☐ Los sumerios ☐ El aceite de oliva ☐ Valladolid (España)

B. En parejas y con ayuda de los dibujos, escribid una frase al lado de cada fecha.

2500 a.C.	

	1500 a.C.	

S. XII	

	1920	

1925	

	1930	

1950	

	En la actualidad	

C. Escuchad otra vez el publirreportaje y comparadlo con vuestras frases.

8. GRANDES INVENTOS

A. De los siguientes inventos, ¿cuáles crees que son los tres que han mejorado la calidad de vida de la gente?

el móvil
la televisión
la cremallera
el ordenador
el automóvil
las lentes de contacto
la cámara fotográfica
la bombilla
la lavadora
el avión
el CD

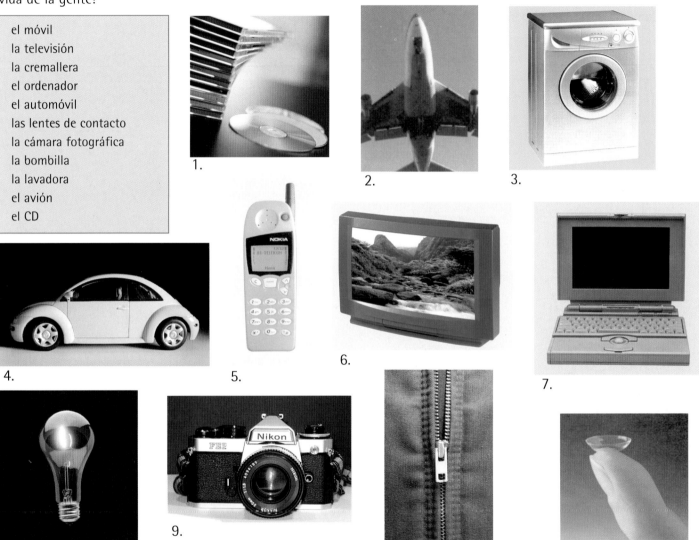

1.

2.

3.

4.

5.

6.

7.

8.

9.

10.

11.

B. Prepara argumentos e intenta convencer a tu compañero de que los tres inventos que has escogido son los mejores.

 ◇ Pues yo creo que la lavadora ha sido uno de los tres inventos más importantes. Antes las mujeres pasaban horas y horas lavando la ropa...

C. En grupos de cuatro, ponéos de acuerdo sobre cuáles han sido los tres inventos más importantes.

D. Con toda la clase y con los resultados de todos los grupos, decidid qué tres inventos han sido más decisivos para mejorar la calidad de vida de la humanidad.

9. PREVISIONES

Estás consultando los datos de una empresa de estudios de prospectiva y has encontrado las previsiones que hicieron hace 25 años sobre el futuro de algunos productos. Léelas. ¿Tenían razón? Coméntalo con tu compañero.

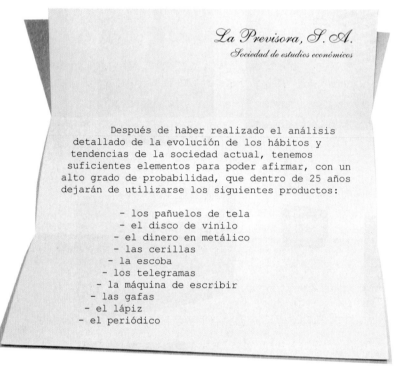

La Previsora, S. A.

Sociedad de estudios económicos

Después de haber realizado el análisis detallado de la evolución de los hábitos y tendencias de la sociedad actual, tenemos suficientes elementos para poder afirmar, con un alto grado de probabilidad, que dentro de 25 años dejarán de utilizarse los siguientes productos:

- los pañuelos de tela
- el disco de vinilo
- el dinero en metálico
- las cerillas
- la escoba
- los telegramas
- la máquina de escribir
- las gafas
- el lápiz
- el periódico

 ◇ A mí me parece que sí, que la gente ha dejado de utilizar pañuelos de tela.
★ Pues yo sigo utilizándolos. No me gustan nada los de papel.

10. OFICINAS DE AYER Y DE HOY

A. Esta foto corresponde a una oficina en los años 60. ¿Cómo era el trabajo en esa época? Haz una lista con tus opiniones. Después, habla con tu compañero y comparad vuestras listas.

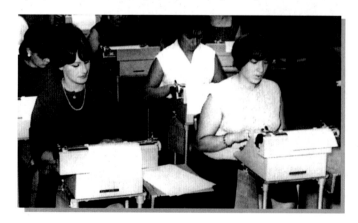

 ◇ Trabajaban muchas horas.
★ Sí, y todo era más lento, porque no había fotocopiadoras, por ejemplo.

B. ¿Qué cosas han cambiado en tu trabajo o en tus estudios en los últimos años? Coméntalo con el grupo.

◇ Antes iba mucho a la biblioteca, pero ahora ya no voy tanto. Soluciono muchas
  cosas con Internet.
★ Yo, sin embargo, sigo yendo mucho porque...

UN PUBLIRREPORTAJE

A. En parejas. Vuestra empresa celebra su aniversario y vosotros sois los responsables de preparar un publirreportaje sobre su historia. Primero, completad la ficha que os servirá para la elaboración del texto.

- Nombre de la empresa:

- Número de empleados:

  antes _____ ahora _____

- Producto que fabrica:

- Lugar/es de venta:

  antes _____ ahora _____

- Año y lugar de creación:

- Fabricación del producto:
  (material, maquinaria, cantidades...)

- Nombre del fundador:

  antes _____ ahora _____

B. Habéis seleccionado estas fotografías del archivo gráfico de la empresa para vuestro publirreportaje. Escribid el texto que las acompañará.

C. Exponed vuestro publirreportaje a la clase. Después, entre todos tenéis que elegir la mejor propuesta.

◇ Nuestra empresa se llama... y la creó...

GRAMÁTICA

Pretérito Imperfecto

ELABORAR	HACER	PRODUCIR
elaboraba	hacía	producía
elaborabas	hacías	producías
elaboraba	hacía	producía
elaborábamos	hacíamos	producíamos
elaborabais	hacíais	producíais
elaboraban	hacían	producían

Verbos irregulares

IR	SER	VER
iba	era	veía
ibas	eras	veías
iba	era	veía
íbamos	éramos	veíamos
ibais	erais	veíais
iban	eran	veían

Pretérito Indefinido

REGALAR	PERDER	RECIBIR
regalé	perdí	recibí
regalaste	perdiste	recibiste
regaló	perdió	recibió
regalamos	perdimos	recibimos
regalasteis	perdisteis	recibisteis
regalaron	perdieron	recibieron

Verbos irregulares

IR/SER	DAR
fui	di
fuiste	diste
fue	dio
fuimos	dimos
fuisteis	disteis
fueron	dieron

Irregulares en las terceras personas

DORMIR	CONVERTIRSE
dormí	me convertí
dormiste	te convertiste
durmió	se convirtió
dormimos	nos convertimos
dormisteis	os convertisteis
durmieron	se convirtieron

Raíces irregulares

estar	estuv-	
hacer	hic/hiz-	
poder	pud-	
poner	pus-	e
querer	quis-	iste
saber	sup-	o
tener	tuv-	imos
venir	vin-	isteis
decir	*dij-	ieron
producir	*produj-	*(eron)
traer	*traj-	
introducir	*introduj-	

*Los verbos cuya raíz termina en **j-** tienen la terminación **-eron** en la 3ª persona de plural.

Describir y hablar de acciones habituales en pasado

Pretérito Imperfecto

Cuenta la leyenda que en el paraíso de la mitología azteca **había** un árbol que **tenía** poderes beneficiosos.

En aquellos tiempos la fábrica **era** muy pequeña.

Había muy pocos trabajadores en plantilla y nuestra producción no **superaba** las 5000 tabletas al mes.

Contraste antes/ahora

Pretérito Imperfecto/Presente
Antes, **llamaba** al número 400 y, después de una breve espera, **hablaba** directamente con un empleado de la compañía (...) Desgraciadamente, **ahora tengo** que hablar con una máquina...

En la actualidad los españoles **comemos** de forma diferente a como **comíamos en los años setenta**.

Hablar de acciones puntuales en el pasado

Pretérito Indefinido
A finales del siglo XIX **apareció** el chocolate con leche y **se convirtió** en un producto de consumo masivo.

En 1920 **abrimos** en Valladolid la primera fábrica de jabones.

Conectores temporales

En el siglo XVII/los años cincuenta/1980...
En aquella época...
En aquellos/as años, días, fechas, tiempos...
Por aquellos/as años, días, fechas, tiempos...
A finales de los años/del siglo...
A principios del siglo XVII...
Dos meses más tarde...
Años después...
Entonces...
A partir de entonces/ese momento/1997...
Un día
Hace 30 años

Hace 30 años, las galletas eran el producto estrella del desayuno.

A finales de los años 70 se produjeron en España grandes transformaciones.

Expresar continuidad

seguir + gerundio
El cliente **sigue siendo** lo más importante.

todavía + presente
❖ Mi sobrino **todavía juega** con canicas.

Expresar interrupción

dejar de + infinitivo
❖ La gente **ha dejado de utilizar** pañuelos de tela.

ya no + presente de indicativo.
❖ Los niños **ya no juegan** con canicas.

Expresar inicio

empezar a + infinitivo
Hemos empezado a abrir nuevas oficinas en todo el país.

Expresar hábito en el presente

soler + infinitivo
¿**Sueles tener** chocolate en casa?

Pronombres de OI + OD

❖ Yo tenía una guitarra. **Me la** regaló mi hermano. Siempre me obligaban a cantar en las fiestas.

Pedir disculpas

He recibido su carta y **lamento** mucho su descontento.

Pedimos disculpas por las molestias ocasionadas

Calidad en el trabajo

1. ¡SALUD!

A. ¿Qué les pasa a estas personas?

1. Andrés

2. Paula

3. Roberto

4. Lidia

5. Pancho

6. Irene

- ☐ le duele la cabeza
- ☐ tiene dolor de estómago
- ☐ está resfriado/a

- ☐ se encuentra bien
- ☐ se ha roto el brazo
- ☐ tiene fiebre

 B. Escucha y comprueba.

C. Todos trabajan en una oficina. ¿Crees que todos pueden ir a trabajar hoy? Coméntalo con tu compañero.

◇ Andrés no puede ir a trabajar.
★ Depende...

D. Y tú, ¿en qué casos dejas de ir a trabajar o de ir a clase? Coméntalo con tu compañero.

2. CULTURA DE EMPRESA

A. Un estudiante está realizando un estudio sobre aspectos relacionados con la cultura de las empresas españolas y tiene una conversación con dos profesionales. Escucha y marca los temas que se tratan.

☐ La formalidad en el trato   ☐ El trabajo en equipo

☐ La flexibilidad de horarios   ☐ La formalidad en la manera de vestir

☐ Las jerarquías   ☐ Las comidas

☐ Los sueldos   ☐ Las vacaciones

☐ Las celebraciones   ☐ La formación de los empleados

B. Escucha otra vez la entrevista y completa el cuadro con las respuestas de Clara Andueza, directora del Departamento de Créditos de un banco, y Ernesto Rúa, grafista de una agencia de publicidad.

En las empresas de...	Clara Andueza			Ernesto Rúa		
	sí	no	depende	sí	no	depende
1. ¿Se viste de manera formal?						
2. ¿Es posible emplear más de una hora para comer?						
3. ¿La gente se llama por el apellido?						
4. ¿Se tutea todo el mundo?						
5. ¿Se hacen regalos en alguna ocasión?						
6. ¿Es muy importante la puntualidad?						

C. ¿En cuál de las dos empresas preferirías trabajar? Explícaselo a tus compañeros.

◇ Yo preferiría trabajar en la empresa de... porque...

3. NORMAS DE SEGURIDAD

A. ¿En qué tipo de empresas crees que trabajan las personas que tienen que cumplir estas normas? Busca en el diccionario o pregunta a tu profesor las palabras que no entiendas.

B A R R O S O

AVISO

1. Utiliza siempre los guantes para protegerte.
2. No olvides cerrar con llave los armarios que tienen fármacos de uso restringido.
3. Usa la máscara. Póntela al manipular productos tóxicos.
4. No entres en el servicio de radiología sin la protección adecuada.
5. Recoge toda la ropa que has utilizado en el centro y ponla en el esterilizador.

NORMAS:

- Póngase el casco en el lugar de trabajo.
- No use máquinas sin estar autorizado.
- Respete las señales de peligro en todo momento.
- Mantenga las herramientas en buen estado, déjelas en su lugar después de usarlas.
- Diríjase al técnico correspondiente en caso de tener problemas con el material.

A mil por hora

Recordad:
- Poneos siempre el casco.
- Respetad siempre los semáforos.
- No circuléis nunca por las aceras: son para los peatones.
- Tomad todas las precauciones para no tener accidentes. evitadlos.
- No desconectéis el móvil.
- No olvidéis que los albaranes tienen que estar firmados por el cliente, no los perdáis.
- No adelantéis a otros vehículos, puede ser peligroso.

 ◇ Seguramente estas normas son de... porque...

B. ¿A qué otro tipo de empresas crees que pueden aplicarse las normas anteriores?

 ◇ Las normas de Construprop podrían aplicarse a una fábrica de coches, ¿no?

4. PROHIBIDO

A. ¿Qué crees que indican estas señales?

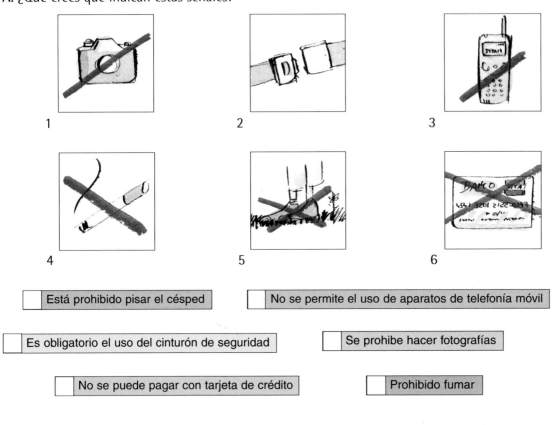

1   2   3

4   5   6

| | Está prohibido pisar el césped | | | No se permite el uso de aparatos de telefonía móvil |

| | Es obligatorio el uso del cinturón de seguridad | | | Se prohibe hacer fotografías |

| | No se puede pagar con tarjeta de crédito | | | Prohibido fumar |

B. Habla con tu compañero y dibujad una señal que podría haber en los siguientes lugares:

en una oficina   en un ascensor   en un restaurante

en un supermercado   en un vestuario   en un hospital

en el aparcamiento   en un cine   en una piscina

C. Enseñad los dibujos a otra pareja de compañeros y pedidles que los interpreten.

 ◇ Aquí se prohíbe...

5. MOTIVACIÓN

A. Lee el texto y señala qué aspectos motivan y desmotivan a los empleados en su lugar de trabajo.

UN BUEN AMBIENTE EN EL TRABAJO

En el mundo empresarial actual, cada vez más competitivo, una plantilla motivada es esencial para obtener buenos resultados.

Muchas son las técnicas que utilizan los directivos para mantener un buen ambiente de trabajo en una empresa. Contar con una buena política retributiva, en otras palabras, ofrecer un salario justo; tratar bien al personal y fomentar sus iniciativas son solamente algunos ejemplos de estrategias de motivación. De la misma forma, se considera importante crear en la empresa un sentido de "no culpabilidad", o sea, si hay un problema, se trata de resolverlo pero sin echar la culpa a nadie. Los errores son una lección que hay que tener en cuenta para el futuro.

En las empresas, sin embargo, existen prácticas que desmotivan completamente a los empleados. Hay empresas que no valoran los esfuerzos de sus trabajadores. Implantan una flexibilidad de horarios a medida del jefe, o lo que es lo mismo, piden flexibilidad de horario cuando el trabajo lo requiere y ponen mala cara cuando un empleado la pide por cuestiones personales. Algunas empresas insisten en practicar una política de puertas cerradas, es decir, en mantener las puertas de los despachos cerradas; de ese modo, los cargos directivos mantienen las distancias y, como consecuencia de ello, impiden la comunicación.

Desgraciadamente se podrían citar muchos más ejemplos. En cualquier caso, lo más importante es tener siempre en cuenta que motivar a los empleados y hacerles sentir a gusto en la empresa, se reflejará en una mejor y mayor calidad del trabajo producido.

ASPECTOS QUE MOTIVAN	ASPECTOS QUE DESMOTIVAN

B. Con tu compañero, elabora una lista de las cosas que debe y no debe hacer un jefe para motivar a sus empleados.

◇ Para motivar a sus empleados, un jefe debe...
★ Sí, y no debe...

C. En grupos, poneos de acuerdo para escribir los tres puntos que, en vuestra opinión, más motivan a los empleados en su lugar de trabajo.

D. Ahora, entre todos, seleccionad los tres puntos más decisivos.

6. MEDICINAS

Aquí tienes una serie de cosas que se utilizan en algún momento cuando alguien no se encuentra bien. Juega con tus compañeros. Explícales qué es y ellos intentarán adivinarlo.

un pañuelo   una infusión   unas gotas   un termómetro   una venda

un jarabe   una aspirina   un masaje   un análisis de sangre   una inyección

◇ Es algo que se bebe y se toma para la garganta, cuando se tiene tos...
★ ¡Jarabe!
◇ Exacto...
★ Ahora yo... Es una cosa que...

7. IR AL MÉDICO

A. ¿Vas mucho al médico? ¿Cuándo? Marca en qué ocasiones. Después coméntalo con tu compañero.

1. Cuando no me encuentro bien.		6. Cuando quiero hacer una dieta.	
2. Cuando estoy triste.		7. Cuando me duele la cabeza.	
3. Cuando no puedo ir a trabajar porque estoy enfermo/a y necesito la baja.		8. Cuando, después de una enfermedad, quiero volver a trabajar y necesito el alta.	
4. Cuando estoy cansado/a.		9. Cuando estoy resfriado/a.	
5. Cuando necesito una receta.		10. En otras ocasiones, por ejemplo...	

B. Escucha ahora la conversación entre un médico y un paciente. ¿Qué le pasa al paciente?

 C. Escucha otra vez y toma nota de las instrucciones que el médico le da al paciente.

Puede	No puede	Debe	No debe

8. UNA OFICINA CAÓTICA

Trabajas en una oficina un poco caótica donde se cuida muy poco el material, el mobiliario y las instalaciones. En parejas, a ver quién hace más sugerencias para poner un poco de orden.

◇ **Las mesas, no las dejéis desordenadas; por favor, ordenadlas.**

B. ¿Quién ha escrito más frases?

9. UN NUEVO COMPAÑERO

A. Responde a estas preguntas sobre tu clase.

	Sí	No
¿Está prohibido comer?		
¿Se puede llegar tarde?		
¿Está prohibido consultar el diccionario?		
¿Es obligatorio hacer los deberes?		
¿Se puede ir a clase vestido de manera informal?		
¿Se habla sólo español en clase?		
¿Es obligatorio tratar de usted al profesor?		
¿Se puede tener el móvil conectado?		

En clase no se puede comer.

B. Imagina que llega un estudiante nuevo. Habla con dos compañeros y elaborad una lista con todas las recomendaciones que le daríais.

C. Leed vuestra lista al resto de la clase y a vuestro profesor. ¿Estáis todos de acuerdo?

10. UN PROSPECTO

A. Kerstin lleva un tiempo estudiando español en España. Está enferma y guardando cama. El médico le ha recetado un medicamento, pero hay algunas palabras del prospecto que no entiende. ¿Qué crees tú que significan? Coméntalo con tu compañero.

producir somnolencia	procesos gripales	estados febriles

 ◇ Yo no sé qué significa "somnolencia"...

 B. Ahora, para comprobar tus hipótesis, escucha cómo Isabel, una amiga española de Kerstin, le explica esas palabras.

 C. Vuelve a escuchar la conversación. ¿Cuáles de estas expresiones utiliza Isabel para aclarar a Kerstin las palabras anteriores?

☐ ... o sea... ☐ ... o lo que es lo mismo...

☐ ... eso quiere decir que.. ☐ ... eso significa que...

☐ ... en otras palabras... ☐ ... es decir...

NORMAS

A. Trabajáis en el Departamento de Personal de una empresa de nueva creación. En parejas, vais a escribir las normas internas para los empleados. Podéis elegir una de estas empresas.

un parque de atracciones

un restaurante

un gimnasio

una peluquería

una tienda de ropa

un banco

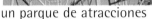
una estación de esquí

B. Vais a redactar las normas de la empresa que habéis elegido. Podéis considerar los siguientes aspectos:

VESTUARIO ← uniforme / ropa ← formal / informal / ...

HORARIOS ← entradas / salidas / vacaciones / pausas / comidas / ...

TRATO AL CLIENTE ← formal / informal

LAS RELACIONES PERSONALES ← celebraciones / regalos / fiestas / ...

LA SEGURIDAD ← alarmas / llaves / puertas / ...

LA HIGIENE ← manipulación de productos / herramientas / ...

◇ No se puede trabajar en pantalón corto.
★ Vale. Todos los empleados deben llevar...

C. Explicad las normas de vuestra empresa a vuestros compañeros.

◇ Nuestra empresa es... y tenemos las siguientes normas...

GRAMÁTICA

Preguntar y hablar sobre la salud

Interesarse por la salud de alguien

¿Qué   te / le / os / les   pasa?

ENCONTRARSE BIEN/MAL

¿Cómo
¿Qué tal   te encuentras?

Me encuentro:
(muy) bien
(bastante) mal
regular
fatal
(mucho) mejor
peor

No me encuentro:
(muy) bien
(nada) mal

ESTAR

Bueno, mujer, pero si **estás** enferma...

DOLER

me
te
le   la cabeza
nos   **duele/n**   el estómago
os   los oídos
les   la garganta
       etc.

TENER

Me encuentro fatal. Creo que **tengo** fiebre.

Referirse a colectivos de personas

En nuestro sector **la gente** cuida mucho la imagen.

Todo el mundo sale de la oficina a comer...

Muchas son las técnicas que utilizan **los directivos** para mantener un buen ambiente de trabajo en una empresa.

Expresar impersonalidad

SE + verbo en 3ª persona (singular)
¿En su empresa **se** vis**te** de manera formal?

SE + verbo en 3ª persona + nombre (singular)
... pero, en ocasiones especiales, siempre **se** compra algún regalo.

SE + verbo en 3ª persona + nombre (plural)
En nuestra empresa no **se** celebra**n** los cumpleaño**s**...

2ª persona del singular del Presente de Indicativo
Si **vives** cerca, **te vas** a comer a casa.

IMPERATIVO

afirmativo

	-AR	-ER	-IR
TÚ	visita	vuelve	escribe
VOSOTROS	visitad	volved	escribid
USTED	visite	vuelva	escriba
USTEDES	visiten	vuelvan	escriban

negativo

	-AR	-ER	-IR
TÚ	no visites	no vuelvas	no acudas
VOSOTROS	no visitéis	no volváis	no acudáis
USTED	no visite	no vuelva	no acuda
USTEDES	no visiten	no vuelvan	no acudan

irregulares

	TÚ +	TÚ -	USTED +	USTED -
poner	pon	no pongas	ponga	no ponga
venir	ven	no vengas	venga	no venga
tener	ten	no tengas	tenga	no tenga
salir	sal	no salgas	salga	no salga
decir	di	no digas	diga	no diga
hacer	haz	no hagas	haga	no haga
ir	ve	no vayas	vaya	no vaya
ser	sé	no seas	sea	no sea

Imperativo con pronombres

Imperativo positivo
Usa la máscara. Póntela al manipular productos tóxicos.

Imperativo negativo
No olvidéis que los albaranes tienen que estar firmados por el cliente, no los perdáis.

Imperativo (vosotros) + os = ʤos
Poneos siempre el casco.

Dar instrucciones

Túmbese en la camilla.
No desconectéis el móvil.

Expresar obligación

Deber + Infinitivo
Debe llevar siempre puestas las gafas de sol.

Expresar prohibición

Prohibir a alguien

No debe/s + Infinitivo
No debe hacer esfuerzos.

Prohibir en general

(Está) prohibido + Infinitivo
Prohibido pisar el césped.

Se prohíbe + nombre/Infinitivo
Se prohíbe hacer fotografías.

No se permite + nombre/Infinitivo
No se permite el uso de aparatos de telefonía móvil.

No se puede + Infinitivo
No se puede pagar con tarjeta de crédito.

Aclarar

Contar con una buena política retributiva, **en otras palabras**, ofrecer un salario justo.

Se considera importante crear en la empresa un ambiente de "no culpabilidad", **o sea**, si hay un problema, se trata de resolverlo sin echar la culpa a nadie.

Implantan una flexibilidad de horarios a medida del jefe, **o lo que es lo mismo**, piden flexibilidad de horario…

Algunas empresas insisten en practicar una política de puertas cerradas, **es decir**, en mantener las puertas de los despachos cerradas;

No ingerir bebidas alcohólicas, **eso quiere decir que** no puedes beber alcóhol.

5

Dinero

1. COSAS DE BANCOS

A. ¿Qué están haciendo o van a hacer en cada situación?

Abrir una cuenta		Sacar dinero del cajero	
Cobrar un cheque		Domiciliar pagos	
Revisar el extracto de una cuenta		Cambiar dinero	

 B. Escucha y comprueba.

C. ¿Conoces otras palabras o expresiones relacionadas con operaciones bancarias? Escríbelas para, después, hacer una lista entre toda la clase.

2. UNA SOLICITUD

A. Mira la siguiente solicitud. ¿Para qué crees que se rellena un formulario de este tipo? ¿Has rellenado alguna vez alguno? Coméntalo con tu compañero.

Rellene esta solicitud con LETRAS MAYÚSCULAS

DATOS PERSONALES

Nombre   Apellidos   Dirección   Código Postal   Localidad

Provincia   Nacionalidad   Teléfono   Móvil   Fecha de Nacimiento   Estado Civil:
☐ Soltero/a ☐ Casado/a ☐ Vive en pareja ☐ Viudo/a

Sexo: ☐ Mujer ☐ Hombre   Vivienda: ☐ Propietario/a con hipoteca ☐ Propietario/a sin hipoteca ☐ Alquilado ☐ Vive con su familia ☐ Otros   ☐ DNI/NIF ☐ Pasaporte ☐ Tarjeta de residencia   Nº ☐☐☐☐☐☐☐☐

DATOS PROFESIONALES

Empresa   Sector de actividad   Tipo de contrato:
☐ Autónomo ☐ Contrato: Indefinido ☐ Temporal ☐ Otros

Nombre de la empresa   Teléfono de la empresa   Dirección   Provincia   Posee tarjetas de crédito:
☐ Visa/Master Card ☐ Amex ☐ Diners ☐ Otros

DOMICILIACIÓN BANCARIA

Nombre y apellidos del titular de la cuenta   Código Cuenta Cliente (C.C.C.): Entidad ☐ Oficina ☐ D. C. ☐ Nº de cuenta ☐   Banco o Caja de Ahorros   Sucursal   Firma del titular

---

◇ No sé, yo nunca he rellenado un formulario de este tipo...
★ Pues a mí me parece una solicitud para...

B. La solicitud anterior acompaña esta publicidad de Tarjebank. ¿A quién crees que va dirigida?: a un estudiante, a una empresa, a un profesional...? ¿Por qué?

TARJEBANK

Tᵇ TARJEBANK   Tᵇ TARJEBANK

Ya está aquí Tarjebank.
Ya ha llegado la tarjeta preferida por millones de personas. La forma más flexible, cómoda y segura de hacer sus compras: desde un café hasta un billete de avión. Tarjebank es la tarjeta que esperaba.

CON TARJEBANK USTED ELIGE:

¿CUÁNDO USARLA?
Cuando necesite dinero en efectivo, en más de 500 000 cajeros de 130 países.
Cuando necesite pagar sus compras, en más de 20 millones de establecimientos en todo el mundo.
Cuando necesite un crédito, Tarjebank se lo proporcionará: hasta 100 000 euros, sin trámites complicados.

¿CUÁNTO PAGAR?
Cuando reciba el extracto mensual detallado de sus gastos, usted decidirá la cantidad que va a pagar, desde un mínimo del 3% del crédito dispuesto (nunca menos de 10 euros), hasta el importe que usted elija. Para cambiar el importe de su pago mensual, sólo tiene que comunicárnoslo. Nuestro teléfono es el 900 900 909.

¿QUÉ HACER?
Para disfrutar de su tarjeta Tarjebank, no necesita cambiar de banco. Pídanosla. Llámenos o rellene esta solicitud.
Si quiere hacernos alguna consulta, no dude en ponerse en contacto con nosotros. Recuerde, estamos en el 900 900 909.

◇ Yo diría que va dirigida a... porque el anuncio dice que...

C. Y tú, ¿utilizas tarjeta de crédito? ¿Para qué? ¿En qué ocasiones no la utilizas? ¿Coincides con tu compañero?

◇ Yo la utilizo, sobre todo, para comprar ropa.

3. CLIENTES BIEN INFORMADOS

A. ¿Qué imagen tienes de los bancos? ¿Crees que ofrecen un buen servicio? Coméntalo con tu compañero.

◇ Depende. Yo, con mi banco, estoy muy satisfecho porque...

B. Lee la primera parte del artículo "Nadie regala nada a nadie", que ha redactado una asociación de consumidores sobre los bancos, y completa la información.

Ofertas del banco para captar clientes	Operaciones más frecuentes que realizan los clientes	Servicios que ofrece el banco a sus clientes
Coches de lujo		

NADIE REGALA NADA A NADIE

Coches de lujo, teléfonos móviles, calculadoras, vajillas, enciclopedias, vales de gasolina… Todo eso y más le ofrecen los bancos y las cajas de ahorro por abrir una cuenta o una libreta de ahorro, domiciliar la nómina, solicitar una tarjeta de crédito, pedir un préstamo o comprar productos financieros. Los anzuelos suelen ser irresistibles.

La relación entre usted y su banco es un matrimonio de conveniencia. Usted dispone de dinero y el mejor sitio para guardarlo es, precisamente, el banco. A cambio, éste paga por usted la luz, el teléfono, el agua, le ingresa talones en su cuenta, le envía transferencias, le adelanta dinero o le prepara los cheques de viaje que usted necesita.

También le puede proporcionar seguros de vida, del hogar o hipotecas para adquirir la casa con la que siempre soñó.

Sin embargo, al final, descubrirá que detrás de todos estos servicios siempre hay intereses, comisiones, gastos, que le pueden suponer una fortuna… Y tarde o temprano tendrá que pagarlos.

UN CRÉDITO EN LAS MEJORES CONDICIONES

RECOMENDACIONES:

1. Antes de pedir un crédito, es necesario pedir información en diferentes bancos y comparar las condiciones.

2. Puede parecer obvio, pero es fundamental leer todas las cláusulas del contrato, incluso "la letra pequeña". Después de firmar, puede ser demasiado tarde.

3. Cuando pida un préstamo, en lugar de aceptar las condiciones del banco a la primera, negocie, pelee, regatee.

4. Antes de comprometerse con un banco, es conveniente examinar los tipos de interés que ofrece.

5. No olvide que domiciliar su nómina en el banco es la mejor arma para obtener ventajas en la negociación.

6. Cuando necesite obtener informaciones complejas sobre un crédito, es útil visitar las oficinas de los bancos para comprobar el nivel de atención al cliente.

7. Es mejor no tomar ninguna decisión precipitada. Cuando tenga que elegir un crédito entre varias ofertas, hágalo sin prisas. Es su dinero.

C. Ahora lee las recomendaciones que ha redactado la asociación de consumidores para obtener un crédito en las mejores condiciones y ordénalas según su importancia.

D. En grupos. Explica a tus compañeros cómo has ordenado las recomendaciones anteriores y decidid cuáles son las tres más importantes para obtener un crédito ventajoso.

◇ En mi opinión, es fundamental...

4. CIRCULAR DE UN BANCO

A. Lee la carta circular que el Banco Orbis envía al señor Estebas y decide cuáles son las opciones correctas.

1 El Señor Estebas
a) ha dejado de ser cliente del banco.
b) acaba de hacerse cliente del banco.
c) es un cliente potencial.

3 Gloria Llorente informa sobre
a) la ampliación del banco.
b) el cambio de dirección del banco.
c) la apertura de una sucursal.

2 Según el texto,
a) el banco acaba de crearse.
b) el banco es muy antiguo.
c) el banco va a cerrar.

4 El Banco Orbis intenta captar al cliente ofreciéndole
a) tecnología punta y un esmerado trato al cliente.
b) un regalo.
c) un horario ininterrumpido de atención al público.

Banco ORBIS B/O

C/ Estudios, 99   Tel.: 941 658 532
25040 Logroño   Fax: 941 658 533

Logroño, 8 de octubre de 2000

Estimado Sr. Estebas:

Me complace comunicarle que el Banco ORBIS acaba de inaugurar una nueva oficina en la calle Estudios 99, muy cerca de su domicilio.

Todos los que formamos el equipo de estas modernas y acogedoras instalaciones nos dirigimos a usted para saludarle cordialmente y para invitarle a que pase a visitarnos. Le atenderemos personalmente y le informaremos de todo lo que pueda serle de interés. Creemos que le sorprenderá la variedad y la calidad de los productos que tenemos a su disposición. Y siempre con el trato humano que nos caracteriza.

Somos conscientes de que los tiempos no son los mismos que cuando empezamos, hace más de cincuenta años. Hemos aprovechado esta nueva etapa para equipar todas nuestras instalaciones con la más moderna tecnología para dar respuesta a las necesidades de todos nuestros clientes. Estaremos encantados si usted decide confiar en nosotros. Venga a vernos.

Esperamos tener la oportunidad de recibirle en nuestras oficinas personalmente.

Reciba un cordial saludo,

Gloria Llorente
Directora

B. ¿Qué haces cuando recibes una carta de este tipo? ¿Crees que es un buen medio para captar clientes? Coméntalo con tu compañero.

 ◇A mí me parece que no está mal la carta, pero, en general, este tipo de cartas las tiro casi sin leerlas.

5. UNA HIPOTECA

A. Un particular va a un banco para pedir información. Quiere solicitar una hipoteca.
¿Sobre qué aspectos crees que tiene que preguntar? Coméntalo con tu compañero.

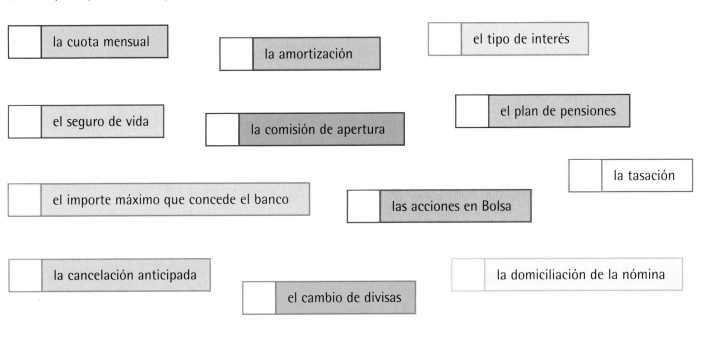

la cuota mensual

la amortización

el tipo de interés

el seguro de vida

la comisión de apertura

el plan de pensiones

la tasación

el importe máximo que concede el banco

las acciones en Bolsa

la cancelación anticipada

el cambio de divisas

la domiciliación de la nómina

 ◇ Tiene que preguntar por lo que hay que pagar todos los meses, por la...

 B. Ahora escucha y marca los aspectos sobre los que pregunta el cliente.

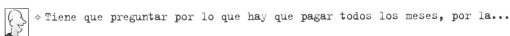 C. Escucha otra vez el diálogo y completa la ficha.

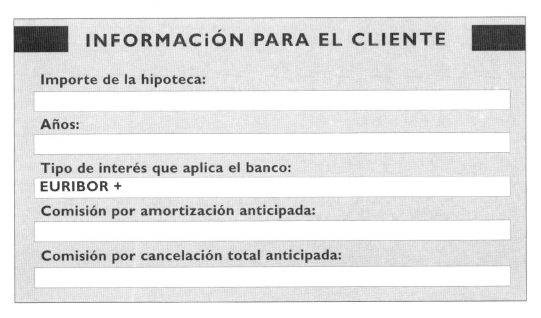

INFORMACIÓN PARA EL CLIENTE

Importe de la hipoteca:

Años:

Tipo de interés que aplica el banco:
EURIBOR +

Comisión por amortización anticipada:

Comisión por cancelación total anticipada:

6. EXTRACTOS

A. Observa este extracto mensual de una tarjeta de crédito. Busca la información y completa la ficha.

EXTRACTO MENSUAL TARJETA VISA INTER ORO

BANCO INTER

26-04-00

MONEDA: EUROS

TITULAR: ANA ROCA RUIX   SC   TARJETA: 6205989015368054   LÍMITE: 10.000 EUROS

HOJA N 001

0221 -MADRID, O.F. PRINCIPAL

REFERENCIA OPERACIÓN		CONCEPTO	IMPORTES	
FECHA	NÚMERO		A SU CARGO	A SU FAVOR
		SALDO ANTERIOR		3.800,00
19-04	48970987685784003202909548765708	RENT-AUTO MADRID AEROPUERTO-BARAJAS	290,00	3.510,00
19-04	4887Y5467654753968343091243532326	RESTAURANTE CASA FERNANDO	126,00	3.384,00
20-04	48095387673546893421920576768729	CAFETERÍA SERRANO	33,50	3.350,50
20-04	48328539485602108655487692389856	JOYERÍA TORRES	199,00	3.151,50
20-04	48948765669121548645692047553954	RESTAURANTE PLAZA MAYOR	150,20	3.001,30
21-04	4853876645876547674569784328747	ÓPTICA RODRÍGUEZ	65,00	2.936,30
21-04	48970987685784003202909548765708	TOLEDO SOUVENIRS	20,00	2.916,30
22-04	48970987685784003202909548765708	HOTEL ALCALÁ	360,00	2.556,30
22-04	48970987685784003202909548765708	CAFETERÍA AEROPUERTO-BARAJAS	15,00	2.541,30
		TOTAL 1.258,70		
		SALDO ACTUAL		2.541,30

ADEUDAREMOS, sin nuevo aviso, el día **30-04-00** en su cuenta, el importe TOTAL indicado

DOMICILIACIÓN DEL PAGO
BANCO INTER
VALENCIA, TURIA 34

CUOTA MENSUAL DE AMORTIZACIÓN	INTERESES		COMISIONES	IMPORTE ADEUDADO
	% Mensual	Importe		
				1.258,70

CÓDIGO CUENTA CLIENTE (C.C.C.)	Entidad	Oficina	D.C.	Nº de cuenta
	0019	0020	02	8010658436

Banco Inter Español, S.A. Domicilio Social Balmes, 34, MADRID (D52099) Reg. Merc. de Madrid, G.123, L.78, F. 4560, Inscrip.1 N.I.F. X-230988775

TITULAR:

LÍMITE DE LA TARJETA: MONEDA:

SALDO ACTUAL A SU CARGO:

TOTAL A CARGAR EN CUENTA:

FECHA DE DOMICILIACIÓN DEL PAGO:

CÓDIGO DE LA ENTIDAD: CÓDIGO DE LA OFICINA:

DÍGITO DE CONTROL: NÚMERO DE CUENTA:

B. ¿Qué crees que ha estado haciendo el titular de la tarjeta? Coméntalo con tu compañero.

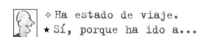
◇ Ha estado de viaje.
★ Sí, porque ha ido a...

7. CUESTIÓN DE DÍAS

A. Últimamente has necesitado pedir dinero prestado a tus compañeros de clase. Ahora te lo reclaman. Tú no tienes dinero, pero les dices que se lo vas a devolver. ¿Cuándo? Piensa una buena excusa para darles.

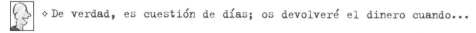
◇ De verdad, es cuestión de días; os devolveré el dinero cuando...

B. Decidid cuáles son las tres explicaciones que tendrían mayor credibilidad.

8. RECORTE DE GASTOS

A. ¿Qué partidas presupuestarias crees que suponen más gastos para una empresa? Coméntalo con tu compañero.

◇ Las empresas gastan el dinero, sobre todo, en...

B. Si una empresa está pasando por un momento de crisis, ¿qué gastos crees que puede reducir?

◇ Yo creo que es básico controlar...

★ Sí, y también...

material de oficina
teléfono/fax
desplazamientos
alquiler
limpieza
vigilancia
mensajeros
nóminas
electricidad
reparaciones
publicidad

C. Pront S.A. está en crisis. La dirección de la empresa envía una nota interna para informar de las medidas de ahorro que van a llevar a cabo. ¿Qué partidas del presupuesto van a recortarse? ¿Coinciden con las que tú has comentado?

DE: Central
A: Responsables de Delegaciones Comerciales
ASUNTO: Recorte de gastos
FECHA: 20 de febrero

Pront S.A.

Ante la situación que viene padeciendo la empresa este año, reunido el Comité de Dirección, se ha decidido adoptar una serie de medidas con el fin de recortar al máximo todos los gastos y, de ese modo, evitar las pérdidas de años anteriores. Para conseguir este objetivo, recomendamos las siguientes medidas:

- Controlar el uso del teléfono es fundamental; hemos incrementado el gasto más de un 10% con respecto al año anterior.
- Hay que hacer un esfuerzo por controlar la electricidad: apagar las luces y los ordenadores cuando termine la jornada laboral.
- Es básico eliminar cualquier gasto superfluo (regalos de empresa, elementos decorativos, etc.).
- Hace falta revisar los gastos en combustible y, para ello, es imprescindible no utilizar los coches de la empresa durante los fines de semana.
- Es conveniente solicitar presupuestos a diferentes empresas de limpieza para reducir el gasto en esta partida.
- Es aconsejable recortar los gastos de representación, comidas de trabajo en restaurantes lujosos, etc.

Cualquier otra sugerencia será bienvenida.

Firmado: Comité de Dirección

---

9. EL VIAJE DE FIN DE CURSO

En grupos. Imaginad que toda la clase quiere hacer un viaje de fin de curso a un país hispanohablante. Tenéis bastante dinero pero necesitáis más. Redactad una circular con una lista de sugerencias para recaudar dinero. Gana el grupo que más medidas originales proponga.

Teniendo en cuenta que... y..., hemos decidido adoptar una serie de medidas con el fin de recaudar más dinero. Para conseguir nuestro objetivo tenemos una serie de sugerencias:

-
-
-

10. BUENOS PROPÓSITOS

A. Escucha a diferentes personas que vuelven al trabajo después de las fiestas de Navidad. ¿Cuáles son sus propósitos para este nuevo año?

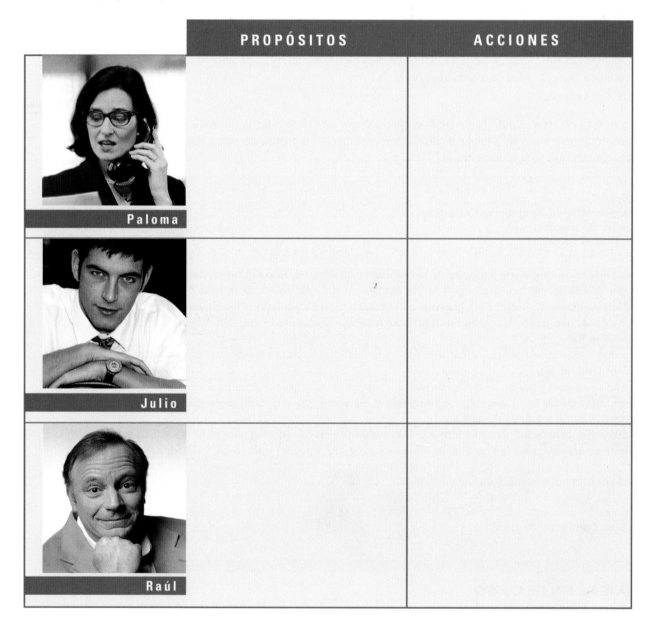

	PROPÓSITOS	ACCIONES
Paloma		
Julio		
Raúl		

B. Escucha otra vez y completa la tabla. ¿Qué van a hacer para conseguir sus propósitos?

C. ¿Cuáles son tus buenos propósitos para el próximo año? ¿Hay algún compañero en la clase que se proponga lo mismo?

 ◇ El año que viene voy a intentar ir al gimnasio una vez por semana. Y tú, ¿te has propuesto hacer algo?

11. UN PRÉSTAMO PERSONAL

En parejas, A y B.

Alumno A.

A. Quieres pedir un préstamo para comprarte un coche y vas a solicitar información a varios bancos. Primero, prepara todas las preguntas que quieres hacer. En la clase hay compañeros que trabajan en diferentes entidades bancarias: pídeles información y toma notas. Después, completa la ficha con los datos del banco que te ofrece las mejores condiciones.

 ◇ ¿En cuántos años puedo pagar el préstamo?

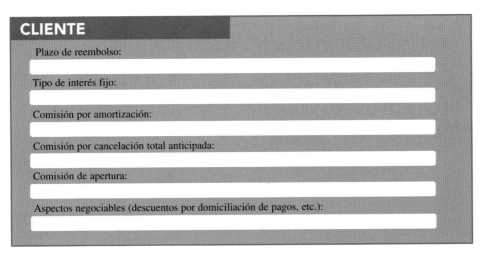

> **CLIENTE**
>
> Plazo de reembolso:
>
> Tipo de interés fijo:
>
> Comisión por amortización:
>
> Comisión por cancelación total anticipada:
>
> Comisión de apertura:
>
> Aspectos negociables (descuentos por domiciliación de pagos, etc.):

B. Ahora explica a la clase en qué banco vas a pedir el crédito y por qué.

Alumno B.

A. Trabajas en un banco y recibes a varios clientes que quieren pedir un crédito para comprarse un coche. Piensa en las mejores condiciones que tu banco puede ofrecerles y prepara lo que les vas a explicar.

 ◇ El plazo de reembolso es de cinco años como máximo.

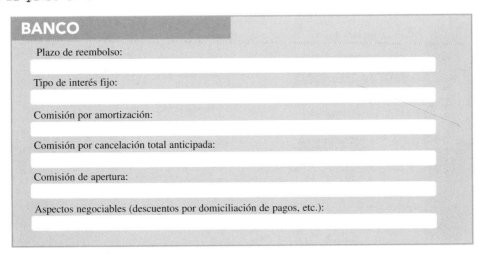

> **BANCO**
>
> Plazo de reembolso:
>
> Tipo de interés fijo:
>
> Comisión por amortización:
>
> Comisión por cancelación total anticipada:
>
> Comisión de apertura:
>
> Aspectos negociables (descuentos por domiciliación de pagos, etc.):

B. ¿Cuántos clientes has conseguido para tu banco?

T EL MEJOR BANCO

A. Tienes intención de hacer una de estas cosas el próximo año. Elije una.

B. Imagina que necesitas un crédito para hacer realidad ese plan. Busca a alguien en la clase que quiera pedir el dinero para lo mismo que tú.

◇ ¿Para qué vas a pedir el crédito tú?
★ Pues, para irme de viaje, a Sudamérica... cuando termine la carrera. ¿Y tú?
○ Yo también quiero hacer un viaje.

C. Aquí tenéis la publicidad de varios bancos. Decidid en qué banco vais a pedir el dinero.

◇ Éste es mejor porque no hay comisión de apertura y...

Banco del SUR

CREDICASA

En Banco del Sur sabemos lo que cuesta construir una casa. Por eso queremos ofrecerle las mejores condiciones del mercado. Usted sólo tiene que preocuparse de buscar la casa. El resto es cosa nuestra.

Sin gastos de estudios por tramitar la hipoteca, además, le regalamos la comisión de apertura.

Con un interés fijo al:

3,75%

Con una comisión de amortización parcial y de cancelación anticipada sólo del:

1%

Y con un plazo máximo de devolución de **25 años**. Su hipoteca no le quitará el sueño.

BC BC Banco

Préstamo vivienda

Todos los préstamos hipotecarios se parecen y es verdad que muchas condiciones son iguales en todos. Por ejemplo: todos los bancos le proporcionarán hasta el **80%** del precio de tasación de la vivienda.

Sin embargo, los pequeños detalles son los que marcan las grandes diferencias.

Nadie le ofrecerá más que **BCBanco**.

Aquí tiene nuestras grandes condiciones:

- Comisión de apertura: **0,25 %**.
- Interés variable al **4%** el primer año; los siguientes, el EURIBOR + **0,50**.
- Comisión de amortización parcial y de cancelación anticipada sólo del **1%**
- Y 35 años de margen.
- Y, además, si usted está pagando un alquiler, podemos ajustar las cuotas de su préstamo vivienda al importe de un alquiler. De este modo, el acceso a la vivienda de su propiedad no le supondrá un esfuerzo suplementario.

FusiónBanco

Sin tipo de interés ni comisión

Las pequeñas cosas, a veces, son las más importantes. Por eso, sin intereses, pensando en lo más inmediato, **Fusión Banco** le ofrece el préstamo

0%

Desde 600 euros y hasta un máximo de 3.000 para cualquier gasto de consumo: gastos de estudios, reformas en la vivienda, etc.

Sin tipo de interés ni comisión en caso de cancelación anticipada. Sólo tiene que venir a vernos y decirnos lo que necesita. El dinero será suyo inmediatamente.

Sólo un **3%** de comisión de apertura. Y para poder pedir este crédito sólo es necesario tener domiciliada la nómina o la pensión en **FusiónBanco** y comprometerse a seguir confiando en nosotros durante ocho años. No se arrepentirá.

BANCO UNIÓN

Préstamo Confianza

¿Un coche?   ¿Un viaje?   ¿Una reforma?

Todo es posible. Haga realidad sus sueños con un préstamo a su medida, con el Préstamo Confianza.

Hasta 30 000 euros y hasta 5 años.

Un interés envidiable: **6,5%**.

Comisión de apertura: **2%** (mínimo 50 euros).

Comisión de cancelación anticipada: **3%**.

En **24** horas tendrá su dinero y puede pagarlo cómodamente en 12 ó 14 cuotas anuales.

Documentación necesaria:
- DNI o pasaporte
- declaración de bienes
- las tres últimas nóminas
- la última declaración de la renta

Ūnibanco

Préstamo Personal

Hasta 30 000 euros.
Y hasta 8 años.
Una cantidad lo suficientemente grande para hacer realidad muchos deseos. Y un plazo de devolución amplio.

– Interés: **7,25 %**.

– Comisión de apertura: **1,5 %**.

– Comisión de cancelación anticipada: **2%**.

Probablemente el crédito que usted se daría a sí mismo.

- Porque usted sabe si lo tiene concedido en el momento mismo de solicitarlo.
- Porque puede disponer de su dinero en **48** horas desde que lo tiene concedido.
- Porque al aplicar el tipo de interés variable, que se ajusta en cada momento a las condiciones del mercado, le permite ser muy competitivo.
- Porque las cuotas de devolución pueden ser mensuales, trimestrales o semestrales. La flexibilidad es total.
- Y porque seguramente sólo tendrá que presentar esta documentación:
  - su DNI, NIF o pasaporte
  - las tres últimas nóminas (si usted trabaja por cuenta ajena)
  - la licencia de alta fiscal (si trabaja por cuenta propia)

D. Ahora completad la ficha y explicad a la clase qué vais a hacer, qué banco habéis elegido y por qué.

C R É D I T O :

Plan para el próximo año:

Cantidad solicitada:

Banco que va a conceder el crédito:

Ventajas:

Presente de Subjuntivo

Verbos regulares

SOLICITAR	CONCEDER	DECIDIR
solicite	conceda	decida
solicites	concedas	decidas
solicite	conceda	decida
solicitemos	concedamos	decidamos
solicitéis	concedáis	decidáis
soliciten	concedan	decidan

Verbos irregulares

HABER	SER	IR	DAR
haya	sea	vaya	dé
hayas	seas	vayas	des
haya	sea	vaya	dé
hayamos	seamos	vayamos	demos
hayáis	seáis	vayáis	deis
hayan	sean	vayan	den

SABER	VER	ESTAR
sepa	vea	esté
sepas	veas	estés
sepa	vea	esté
sepamos	veamos	estemos
sepáis	veáis	estéis
sepan	vean	estén

Los verbos que diptongan en Presente de Indicativo lo hacen también en Presente de Subjuntivo en las mismas personas, es decir, en todas **excepto** en **nosotros** y **vosotros**

E-IE	O-UE	U-UE
EMPEZAR	**PODER**	**JUGAR**
empiece	pueda	juegue
empieces	puedas	juegues
empiece	pueda	juegue
empecemos	podamos	juguemos
empecéis	podáis	juguéis
empiecen	puedan	jueguen

Los verbos que cambian la **e** en **i** en el Presente de Indicativo, también lo hacen en el Presente de Subjuntivo, pero en todas las personas.

E-I

PEDIR
pida
pidas
pida
pidamos
pidáis
pidan

Otros verbos irregulares forman todo el Presente de Subjuntivo a partir de la primera persona del Presente de Indicativo.

CONOCER	conozco	**conozca**
TRADUCIR	traduzco	**traduzca**
DECIR	digo	**diga**
HACER	hago	**haga**
OÍR	oigo	**oiga**
PONER	pongo	**ponga**
SALIR	salgo	**salga**
TENER	tengo	**tenga**
VENIR	vengo	**venga**

Futuro

Verbos regulares

INTENTAR	DEVOLVER	PEDIR
intentaré	devolveré	pediré
intentarás	devolverás	pedirás
intentará	devolverá	pedirá
intentaremos	devolveremos	pediremos
intentaréis	devolveréis	pediréis
intentarán	devolverán	pedirán

Verbos irregulares

DECIR	diré
HABER	habré
HACER	haré
PODER	podré
PONER	pondré
QUERER	querré
SABER	sabré
SALIR	saldré
TENER	tendré
VENIR	vendré

Le **atenderemos** personalmente y le **informaremos** de todo lo que pueda serle de interés.

CUANDO (acontecimientos futuros)

CUANDO + Presente de Subjuntivo, + Presente de Indicativo
◇ **Cuando termine** la carrera, **quiero** irme de viaje a Sudamérica. ¿Y tú?

CUANDO + Presente de Subjuntivo, + Futuro
Cuando recibas el extracto detallado de tus gastos, tú **decidirás** la cantidad a pagar.

CUANDO + Presente de Subjuntivo, + Imperativo
Cuando tenga que elegir un crédito entre varias ofertas, **hágalo** sin prisas.

Expresar necesidad o conveniencia

Es	interesante útil conveniente necesario básico importante fundamental mejor	**+ Infinitivo**

Puede parecer obvio, pero **es fundamental** leer todas las cláusulas del contrato...

Expresar posibilidad

poder + Infinitivo

Es fundamental leer todas las cláusulas del contrato, incluso la "letra pequeña". Después de firmar, **puede** ser demasiado tarde.

ACABAR DE + Infinitivo

El señor Estebas **acaba de** hacerse cliente del banco.

ANTES DE + Infinitivo

Antes de pedir un crédito, es necesario pedir información en varios bancos y comparar las condiciones.

DESPUÉS DE + Infinitivo

Después de firmar, puede ser demasiado tarde.

INTENTAR + Infinitivo

◇ El año que viene voy a **intentar** ir al gimnasio una vez por semana. Y tú, ¿te has propuesto algo?

POR

a cambio de

Todo eso y más le ofrecen los bancos y las cajas de ahorro **por** abrir una cuenta.

en lugar de

A cambio, éste paga **por** usted la luz, el teléfono...

Salones y ferias

1. EL STAND

A. Nauticlub, tu empresa, va a participar en una feria internacional. Observa el diseño del stand e identifica todos los elementos.

planta
letrero luminoso
panel
almacén
papelera
televisor
expositor
mesita
vídeo
perchero

◇ Esto es el almacén, ¿no?

B. Hace unos meses enviasteis una carta a Santiago Navarro para confirmar vuestra asistencia a FIREMAR. Comprueba si el proyecto de stand se ajusta a lo que pedisteis. Coméntalo con tu compañero y haced la lista de lo que falta o de lo que sobra.

◇ A ver, no está todo; fíjate, faltan seis macetas, sólo hay dos.
★ Sí, y sobran...

Santiago Navarro
FIREMAR
Departamento de Organización
Parque Ferial, 08030 Barcelona

NAUTICLUB

Estimado Sr. Navarro:

Zaragoza, 4 de octubre de 2000

Tal como acordamos telefónicamente, les confirmamos nuestra asistencia a la próxima edición de FIREMAR.

Aprovechamos la ocasión para recordarles los elementos y el personal que vamos a necesitar y que ya nos detallaron ustedes en el presupuesto.

Estructuras:
3 paneles separadores
1 almacén
Grafismos:
1 letrero luminoso
Jardinería:
8 macetas con plantas

Equipamiento:
1 televisor
2 ordenadores
1 vídeo
Personal:
3 azafatas

Muebles:
4 sillones
1 mesita
2 sillas
2 papeleras
2 expositores

Les comunicamos que llegaremos antes para supervisar la instalación y el montaje del stand.

Un cordial saludo.

Nauticlub

2. UN SALÓN INTERNACIONAL

A. El año pasado la empresa Muñoz Joyeros participó en Expojoya, un salón internacional. ¿En qué orden crees que siguió estos pasos?

- [ ] consolidaron su posición en el sector
- [ ] establecieron nuevos contactos y aumentaron las ventas
- [ ] visitaron la feria durante la edición anterior para recoger información
- [ ] contrataron el mejor espacio en el salón
- [ ] decidieron participar en la feria
- [ ] analizaron toda la información

B. Lee la entrevista que le hicieron a la propietaria de Muñoz Joyeros en una revista del sector y comprueba si el orden que has establecido es el correcto.

El año pasado Muñoz Joyeros participó por primera vez en un salón de su sector. ¿Fue una experiencia satisfactoria?
Rotundamente sí. Fue un éxito. Los resultados fueron muy, muy satisfactorios.

¿A qué nivel?
A todos los niveles. Por una parte, dimos a conocer dos nuevas líneas de diseño y comprobamos la aceptación de nuestras joyas de una manera directa. Y por otra, nuestra presencia entre un público de profesionales nos permitió establecer

Maruja Muñoz, propietaria de Muñoz Joyeros, una PYME que se dedica a la bisutería de lujo

contactos que hasta entonces no habíamos podido realizar. Y eso generó un volumen de ventas que nunca antes habíamos alcanzado.

¿Por qué no habían participado en ediciones anteriores?
Nos lo habíamos planteado en dos ocasiones, pero nuestra posición en el sector no estaba muy consolidada y las circunstancias económicas de la empresa no nos permitían invertir en una feria. Hace dos años empezamos a tener algunos beneficios y entonces consideramos que era muy conveniente acudir a una feria, concretamente a Expojoya.

¿A qué atribuye este éxito tan espectacular?
Sin duda alguna, a la preparación. Un año antes ya habíamos fijado unos objetivos muy concretos. Teníamos muy claro que queríamos conseguir nuevos clientes y realizar el mayor número de ventas posible.

Unos objetivos ambiciosos...
Sí. Muy ambiciosos. Por ese motivo la

preparación fue tan intensa.

¿Podría darnos más detalles?
Pensamos mucho en todo. Por eso, el año anterior hicimos una visita al salón. En aquella ocasión fueron dos personas. Mientras una analizaba el trato al cliente en los stands y observaba cuáles eran, por su situación, los más visitados; la otra analizaba servicios anexos: cafetería, transporte, etc. Un montón de cosas. Y por último, después de analizar toda la información que habíamos reunido, decidimos participar y apostamos fuerte: pudimos contratar el mejor espacio y el mejor diseño del stand con un presupuesto muy ajustado.

¿Algo más?
Sí, por supuesto: la formación del personal. Como le he dicho, antes habíamos hecho un trabajo de observación directa y habíamos tomado nota de los errores del personal que atendía al público para no repetirlos nosotros. Créame, estoy convencida de que la calidad del trato personal en el stand fue una de las bases de los buenos resultados obtenidos.

C. Lee otra vez el texto y señala lo que Maruja Muñoz considera más importante para tener éxito en una feria.

D. Ahora, compara con tu compañero lo que has señalado y proponed un título para la entrevista.

 ◇ Según Maruja Muñoz, es básico... por eso, el título puede ser...

3. PROBLEMAS TÉCNICOS

A. En una feria a veces surgen dificultades. Haz una lista con tu compañero de posibles problemas que pueden surgir.

 ◇ Por ejemplo, llegas, y el stand está mal situado...

 B. Escucha a Beatriz cómo recuerda con Javier lo que les pasó en una feria y decide cuál de estos dibujos responde a lo que describe.

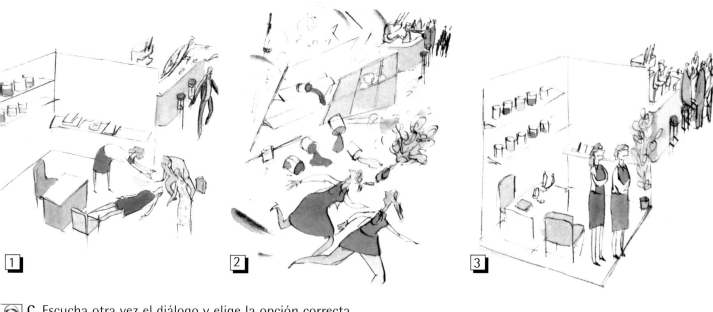

1   2   3

C. Escucha otra vez el diálogo y elige la opción correcta.

1. Este año no saben si ir al Salón de Valencia porque...
☐ la situación de la empresa no es buena.
☐ la última vez que fueron hubo pocos visitantes.
☐ la última vez que fueron tuvieron algunos problemas.

2. El stand estaba situado cerca de...
☐ la cafetería y por eso no iba nadie.
☐ la zona de descanso y la gente iba a descansar.
☐ la cafetería y por eso olía a comida.

3. El primer día el stand se manchó porque...
☐ unas azafatas estaban pintando unos paneles.
☐ se cayeron unos botes de pintura que transportaban unos empleados de la feria.
☐ se cayeron unos botes de pintura que alguien había abierto.

4. Los paneles estaban mal instalados...
☐ y por eso se cayeron.
☐ porque eran de mala calidad.
☐ y por eso se movían mucho.

5. No pudieron repartir folletos porque...
☐ estaban llenos de pintura.
☐ desaparecieron.
☐ se los habían dejado en la oficina.

4. ¿QUÉ SIGNIFICA?

A. Sin mirar el diccionario, ¿qué crees que significan estas palabras? Escríbelo en la primera columna. Coméntalo con tu compañero.

	Creo que significa	Significa
las dietas		
las pagas extras		
la jornada intensiva		
el puente		
la propina		

B. Escucha la conversación entre David Perales y el señor Dante, un cliente que visita por primera vez España, y escribe en la segunda columna qué significan, en un contexto de trabajo, las expresiones anteriores.

C. ¿Sabías lo que significan, en España, esos términos? Coméntalo con tu compañero.

◇ Yo creía que las dietas eran...
★ Yo tampoco sabía lo que significaba; pensaba que...

5. UN INFORME

A. El director de MODAPIEL pide un informe para evaluar las ventajas de acudir a una feria. Aquí tienes dos informes elaborados por el Departamento de Ventas. Léelos y decide cuáles de las siguientes afirmaciones se pueden aplicar a cada informe.

	Informe 1	Informe 2
1. El título informa con precisión sobre el contenido del informe.		
2. El desarrollo del informe es claro, detallado y muy preciso.		
3. El informe tiene tres partes claras: una introducción, un desarrollo y una conclusión.		
4. Las ventajas y los inconvenientes no se explican suficientemente.		
5. Es poco preciso: no ofrece cifras exactas.		
6. Las ideas están bien conectadas.		

1

Participación en el Salón Pielespain de Madrid. Resultados del estudio.

Según su petición, se ha realizado un estudio sobre el Salón Pielespain.

En primer lugar, se alcanzó la cifra de 132 expositores y de 20 000 visitantes. Cabe señalar que en la edición anterior habían participado 98 firmas del sector y sólo 11 300 visitantes habían acudido al Salón.

En segundo lugar, y según las conclusiones de la organización, hay que subrayar los siguientes aspectos:

1. Estaban presentes los mejores profesionales nacionales e internacionales de la piel.
2. Se presentaron innovaciones interesantes en lo relativo a nuevos tratamientos de la piel. En cuanto al diseño, parece ser que se consolidan las líneas atrevidas con colores fuertes.
3. La oferta de actividades paralelas fue muy variada y todos los fabricantes tuvieron la oportunidad de presentar sus creaciones. Se celebraron, por ejemplo, varios desfiles de modelos con una gran asistencia de público.

Así pues, parece clara la tendencia al aumento de expositores en importancia y calidad, aunque han subido las tarifas por metro cuadrado (200 € por m^2 + 7% IVA frente a 175 € el año pasado) y el coste de los derechos de inscripción (150 € + 7% IVA frente a 120 en la edición anterior).

Respecto a nuestra posible participación, por un lado, es cierto que la inversión es elevada y que la competencia directa estará presente en el salón, lo que nos obligaría a hacer un esfuerzo financiero en creatividad y recursos humanos sin estar seguros de obtener unos resultados inmediatos. Por otro lado, hay que destacar que Pielespain supone una gran oportunidad para realizar contactos interesantes. Además, es una muy buena ocasión para presentar directamente nuestros productos. Por último, creemos aconsejable nuestra participación en el próximo Salón Pielespain, ya que los beneficios que podemos obtener compensarían la inversión y el esfuerzo.

Fernando Revilla

Dpto. de Ventas

2

Pielespain

Yo creo que puede ser muy interesante participar en el Salón Pielespain porque las ventajas son superiores a los inconvenientes.

- Los visitantes y expositores aumentaron respecto al año pasado.
- Las tarifas del m^2 y de los derechos de inscripción son más elevadas que los de la edición anterior; creo que el metro cuadrado cuesta unos 150 euros.
- Hubo muchas firmas del sector, tanto nacionales como extranjeras, representadas en Pielespain.
- Hubo muchos desfiles de moda, lo que resulta especialmente interesante para nosotros ya que nos dedicamos a la confección de piel. Un desfile es algo muy bueno para darnos a conocer.

Después del estudio anterior, y para concluir, estoy convencido de que hay que participar en el próximo Salón Pielespain y creo que soy el mejor candidato para organizar nuestra participación.

Nacho Tejero

Dpto. de Ventas

B. A la vista de los resultados del cuadro que has rellenado, ¿cuál crees que es el mejor informe? ¿Por qué? Coméntalo con tu compañero.

 ◇ Para mí, el mejor es... porque...

6. UNA ENCUESTA

 A. Escucha la encuesta que una empresa especializada en sondeos hace a diez personas que visitan un salón del mueble. ¿Cuáles son los motivos más citados?

	1	2	3	4	5	6	7	8	9	10
Ver novedades										
Realizar compras										
Conocer a nuevos proveedores										
Conocer la oferta internacional										
Captar clientes										
Ver clientes										
Conocer nuevas tendencias										
Vender										
Otros										

B. Compara tus respuestas con las de tu compañero y después escuchad otra vez la encuesta.

C. Y tú, ¿has estado alguna vez en una feria? ¿Lo has hecho por las mismas razones? Coméntalo con tu compañero.

◇ Yo no he estado nunca en una feria.
★ Pues yo estuve en... y fui porque quería...

7. ANÉCDOTAS

A. Este correo electrónico tiene un virus informático que no permite leer el título. ¿Cuál le pondrías tú?

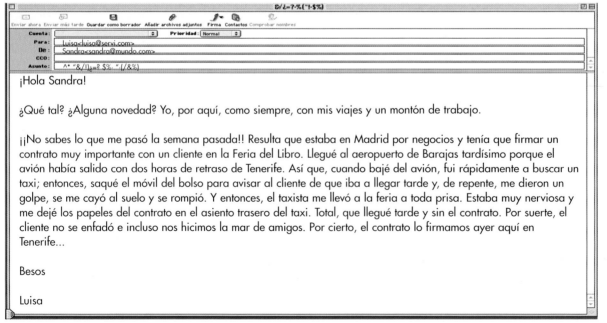

¡Hola Sandra!

¿Qué tal? ¿Alguna novedad? Yo, por aquí, como siempre, con mis viajes y un montón de trabajo.

¡¡No sabes lo que me pasó la semana pasada!! Resulta que estaba en Madrid por negocios y tenía que firmar un contrato muy importante con un cliente en la Feria del Libro. Llegué al aeropuerto de Barajas tardísimo porque el avión había salido con dos horas de retraso de Tenerife. Así que, cuando bajé del avión, fui rápidamente a buscar un taxi; entonces, saqué el móvil del bolso para avisar al cliente de que iba a llegar tarde y, de repente, me dieron un golpe, se me cayó al suelo y se rompió. Y entonces, el taxista me llevó a la feria a toda prisa. Estaba muy nerviosa y me dejé los papeles del contrato en el asiento trasero del taxi. Total, que llegué tarde y sin el contrato. Por suerte, el cliente no se enfadó e incluso nos hicimos la mar de amigos. Por cierto, el contrato lo firmamos ayer aquí en Tenerife...

Besos

Luisa

B. Ahora vuelve a leer el texto y haz un resumen. Utiliza el cuadro.

Acontecimientos ¿Qué pasó en Madrid?	Situación ¿Dónde estaba? ¿Por qué? ¿Cómo estaba?	Acontecimientos anteriores ¿Qué había pasado antes de llegar a Madrid?

C. Compara tu resumen con el de tu compañero. ¿Habéis seleccionado la misma información?

D. Escribe ahora un correo electrónico a tu profesor o a un amigo contando tu propia anécdota.
Puede ser real y tener relación con una de estas situaciones:

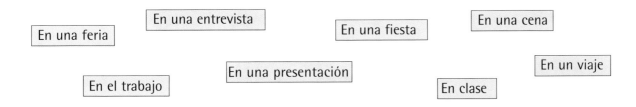

En una entrevista

En una feria

En una fiesta

En una cena

En una presentación

En un viaje

En el trabajo

En clase

Si no se te ocurre nada, invéntate una anécdota. Puedes utilizar alguno de los siguientes
elementos:

- encontrarse con una persona famosa y....
- escuchar un grito y...
- llegar la policía y...
- encontrarse algo y...
- ir al hospital y...

- La semana pasada
- Hace dos semanas
- Un domingo por la mañana
- La otra noche
- Ayer

- estar en unos grandes almacenes
- estar en una terraza
- ir al trabajo
- volver a casa
- estar preparando la cena

cuando
y, de repente,
(y) entonces,
total, que
resulta que
así que

E. En grupos, cuenta tu anécdota a tus compañeros. Elegid la más divertida o interesante
para contársela al resto de la clase.

8. PROBLEMAS EN EL STAND

A. Tu compañero y tú sois los encargados de supervisar el stand que vuestra empresa tiene en una feria. Ayer llegasteis y observasteis una serie de irregularidades. Mira el dibujo y coméntalas.

◇ Un empleado estaba leyendo un periódico y esto no anima al público a acercarse.

B. Habéis decidido escribir un correo electrónico a vuestro jefe para explicarle la situación.

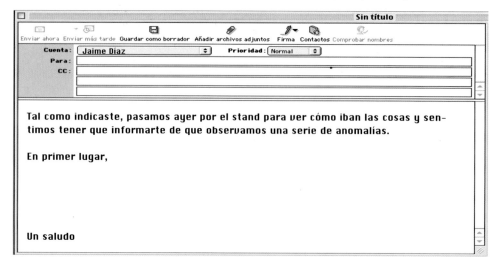

en primer lugar,
por una parte,
por otra (parte),
respecto a...
además,
por eso,
por último,

9. ACUERDOS INTERNACIONALES

A. Lee estas afirmaciones y marca las que no sabías.

☐ **MERCOSUR** es un tratado firmado por Brasil, Argentina, Paraguay y Uruguay para desarrollar un mercado de más de doscientos millones de personas. Existe un acuerdo de libre comercio con Chile y Bolivia.

☐ El **G3** (Grupo de los Tres) está formado por Colombia, México y Venezuela; el acuerdo entró en vigor en 1994.

☐ El **Pacto Andino** está formado por Colombia, Venezuela, Bolivia y Ecuador, y con él se adopta un acuerdo sobre aranceles y política comunes en diferentes ámbitos.

☐ España entró a formar parte de la **Unión Europea** en 1986.

☐ El **A.C.E.** (Acuerdo de Complementación Económica) lo firmaron Colombia y Chile. Según sus términos, el 97% de los productos colombianos entran en Chile sin arancel.

☐ El **T.L.C.** (Tratado de Libre Comercio) o NAFTA, según las siglas en inglés, se firmó en 1994 entre México, Estados Unidos y Canadá.

☐ El **MCCA** (Mercado Común Centro Americano) lo forman los países de América Central y Colombia.

B. Ahora coméntalo con tu compañero.

◇ Yo sabía que Mercosur era... Pero pensaba que...

DESPUÉS DE LA FERIA

A. En parejas. Trabajáis para una empresa que ha participado en una feria. Vosotros os habéis encargado de organizarlo todo. Primero, pensad cómo se llama vuestra empresa, qué producís, en qué feria habéis estado y también dónde y cuándo ha tenido lugar.

B. Vuestro jefe os ha encargado que redactéis un informe con todos los detalles. Lo tenéis todo en forma de notas. Podéis utilizarlas para explicar diferentes aspectos.

Stand: muy bien localizado, poco espacio, insuficiente iluminación. En general, mal sonido.

Organización: regular; señalización correcta.

Problemas:
- azafatas bilingües y no trilingües (figuraba en el contrato);
- jueves, problemas con el teléfono y con el fax.

Visitantes: poca gente de la calle pero muchos profesionales.

Contactos:
- Sr. Varela (muy interesado) quiere recibir detalles concretos.
- Sra. Iriarte (muy importante), jefa de Presinet, posible visita.
- Otros...

Nuevos clientes: Logos, Alfa-tres, Sunsol.

Material:
- entregados 500 folletos.
- 100 solicitudes de información.

La competencia: una empresa ha lanzado un nuevo producto...

Propuestas: tenemos que mejorar nuestra página web...

GRAMÁTICA

Hablar de acontecimientos en pasado

Pretérito Pluscuamperfecto

había	
habías	analiza**do**
había **+**	estableci**do**
habíamos	reuni**do**
habíais	
habían	

Como le he dicho, antes **habíamos hecho** un trabajo de observación directa y...

Llegué tardísimo porque el avión **había salido** con dos horas de retraso.

Pretérito Indefinido
Estaba muy nerviosa y **me dejé** los papeles en el asiento del taxi.

... **se cayeron** unos botes de pintura que transportaban unos empleados de la feria.

Describir situaciones en pasado

Pretérito Imperfecto
Resulta que **estaba** en Madrid porque **tenía** que firmar un contrato importante...

... se cayeron unos botes de pintura que **transportaban** unos empleados de la feria.

(Estaba + Gerundio)
El primer día el stand se manchó porque unas azafatas **estaban pintando** unos paneles.

Expresar simultaneidad en pasado

Mientras
Mientras una persona analizaba el trato al cliente en los stands, la otra observaba la distribución del espacio.

Expresar creencias equivocadas

◇Yo **creía** que las dietas eran...

◇Yo **sabía** que Mercosur era... Pero **pensaba** que...

Explicar anécdotas: PASAR

	me		
Un día	te		
El otro día	le	**pasó**	algo muy curioso.
La semana pasada	nos		una cosa extraña.
Ayer	os		
	les		

¡¡No sabes lo que me **pasó** la semana pasada!!

¿Te acuerdas de lo que nos **pasó**?

Valorar en pasado

	tremendo.
	terrible.
	increíble.
	estupendo.
Fue	(muy) divertido.
	(muy) interesante.
	un desastre.
	un éxito.

El salón **fue** un éxito.

La oferta **fue** muy variada.

FALTAR/SOBRAR

◇A ver, no está todo; fíjate, **faltan** seis macetas; sólo hay dos.
★ Sí, y **sobran**...

Conectores del discurso

Empezar
* **Resulta que** estaba en Madrid por negocios y tenía que firmar un contrato...

Ordenar
En primer lugar, se alcanzó la cifra de 132 expositores y...

En segundo lugar, y según las conclusiones de la organización,

Añadir información
... supone una gran oportunidad para realizar contactos interesantes. **Además**, es una muy buena ocasión para presentar directamente nuestros productos.

Referirse a otros aspectos
Se presentaron innovaciones interesantes **en lo relativo a** nuevos tratamientos de la piel. **En cuanto al** diseño, parece ser que se consolidan...

Respecto a nuestra prosible participación...

Por cierto, el contrato lo firmamos ayer en Tenerife...

Ejemplificar
Se celebraron, **por ejemplo**, varios desfiles de modelos con una gran asistencia de público.

Remarcar
◇ ¿A qué atribuye este éxito tan espectacular?
★ **Sin duda alguna**, a la preparación.

Como le he dicho, antes habíamos hecho un trabajo de observación directa...

Cabe señalar que en la edición anterior habían participado 98 firmas del sector...

Remitirse a una información
Según su petición, se ha realizado un estudio sobre el Salón Pielespain.

En segundo lugar y, **según las conclusiones de** la organización, hay que subrayar los siguientes aspectos:

Tal como indicaste, pasamos ayer por el stand y...

Expresar causa
Creemos aconsejable nuestra participación en el próximo Salón Pielespain **ya que** los beneficios...

Los paneles estaban mal instalados **porque** eran de mala calidad.

Conectar ideas
Por una parte, dimos a conocer dos nuevas líneas de diseño y comprobamos... Y **por otra**, nuestra presencia entre un público de profesionales nos permitió establecer contactos...

Por un lado, es cierto que la inversión es elevada y que la competencia... **Por otro (lado)**, hay que destacar que Pielespain supone una gran oportunidad...

Contraponer
... parece clara la tendencia al aumento de expositores en importancia y calidad, **aunque** han subido las tarifas por metro cuadrado...

Expresar consecuencia
Así pues, parece clara la tendencia al aumento...

Así que, cuando bajé del avión, fui rápidamente...

Pensamos mucho en todo. **Por eso** antes de firmar el contrato con el salón...

Presentar un suceso imprevisto
... saqué el movil del bolso para avisar al cliente de que iba a llegar tarde y, **de repente**, me dieron un golpe, se me cayó al suelo y se rompió.

Terminar
*****Total**, **que** llegué tarde y sin el contrato.

Por último, creemos aconsejable nuestra participación en el próximo Salón Pielespain...

Después del estudio anterior, y **para concluir**, estoy convencido de que hay que participar en el próximo...

* Pertenece a un registro oral (menos formal). Se utiliza especialmente para explicar anécdotas.

Internet

1. INTERNET Y LAS EMPRESAS

A. Todos estos recortes de prensa tienen relación con la presentación de una empresa en Internet. ¿En qué texto se trata cada uno de estos puntos?

- ☐ el diseño de una página web
- ☐ tipos de web
- ☐ la publicidad
- ☐ ventajas de Internet
- ☐ pasos previos a la creación de una web

1

Desde que Internet dio sus primeros pasos hasta nuestros días, las páginas web han experimentado muchos cambios; cambios que son, sin embargo, pocos en relación a todos los que pueden producirse en los próximos años. Hasta hace poco tiempo, los expertos hablaban de dos tipos de web: por un lado, las informativas, es decir, los folletos virtuales, que no permiten interactividad; por otro, está la "web útil", la que ofrece un valor añadido y sirve para que la empresa pueda hacer algo como realizar una compra, contactar con proveedores...

2

El diseño en Internet depende siempre de los objetivos. Es importante que la página sea atractiva visualmente. Sin embargo, lo fundamental es que sea útil: debe ser fácil de usar y permitir una navegación sencilla, con un menú claro para que el internauta encuentre lo que desea rápidamente y sin perderse. Es básico que los contenidos estén bien estructurados.

3

Si usted quiere que su negocio se abra paso en el ciberespacio, no merece la pena correr riesgos. Es fundamental que diseñe un plan estratégico para fijar el objetivo y el modelo de negocio que desea montar en Internet: hay que identificar a los posibles competidores, a los aliados y, sobre todo, a los clientes. En muchos casos, lo normal es que se forme un equipo de trabajo, integrado por técnicos, programadores, creativos y profesionales del marketing y la comunicación. Una vez determinados los objetivos, empieza el trabajo de los diseñadores de las páginas.

4

Muchas empresas sólo quieren la red para vender; pero Internet ofrece muchas más posibilidades, como la compra *online* a proveedores, la gestión de recursos humanos, el ahorro de costes en información y comunicación interna y externa, la apertura de nuevos mercados, la personalización del servicio al cliente y la creación de una marca. Un ejemplo convincente: la compra de mobiliario o de material informático puede resultar entre un 30% y un 40% más económica si se hace a través de Internet.

5

Te gusta viajar? **click!**

El **banner** es un medio eficaz y económico de promoción en Internet. Se trata de un pequeño anuncio que normalmente está en los márgenes superiores o inferiores de las pantallas y que a veces tiene movimiento. En cualquier caso, para tener éxito en una empresa, no hay que olvidar los medios tradicionales. Lo mejor es combinar publicidad en la red y publicidad tradicional.

B. Resume en una frase uno de los artículos. Léela a tus compañeros, ellos tendrán que adivinar a qué texto se refiere.

2. INTERNET Y TÚ

A. Lee las siguientes frases y marca aquellas con las que te identifiques.

	Hace mucho tiempo que estoy conectado a Internet.		Cuando navego, si veo un enlace sugerente, a veces hago clic para ver qué es.
	No tengo conexión a Internet. No me interesa.		No he comprado nunca nada por Internet.
	Desde que existe Internet mi trabajo es más cómodo que antes.		A mí Internet me sirve, sobre todo, para enviar y recibir correos electrónicos.
	A mí me parece que Internet es menos útil de lo que todo el mundo dice.		Tengo más contacto con mis amigos desde que estoy conectado a Internet.
	Nunca he participado en un chat.		Con Internet, a veces, practico el español.

B. Habla con tu compañero para ver en qué coincidís.

◇ Yo hace mucho tiempo que estoy conectado a Internet.
★ Pues yo sólo desde el año pasado.

3. DIRECCIONES ELECTRÓNICAS

A. ¿Recuerdas cómo se dicen en español estos signos y estas letras? Coméntalo con tu compañero.

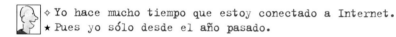

uve doble
guión
punto
"a" minúscula
"A" mayúscula
barra
arroba
dos puntos

◇ Esto es una "a" minúscula, ¿no?
★ Sí, y esto, una "barra".

B. Vas a escuchar a varias personas dictando direcciones electrónicas. Marca en la lista las direcciones que oigas.

Direcciones electrónicas	SÍ	NO
amor@espanet.org.es	√	
www.tango/disco.com.arg	√	
www.ong.org	√	
mar@cheve-re.net.com	√	
www.tango.disco/com.arg		√
amor@espanet.com.co		√
www.oenege.org		√
mar@chevere/net.com		

C. Ahora, pídele a tu compañero su dirección electrónica.

◇ ¿Tienes correo electrónico?
★ No, ¿y tú?

4. UNA PÁGINA WEB

A. ¿Qué crees que ofrecen en esta página web? Coméntalo con tu compañero.

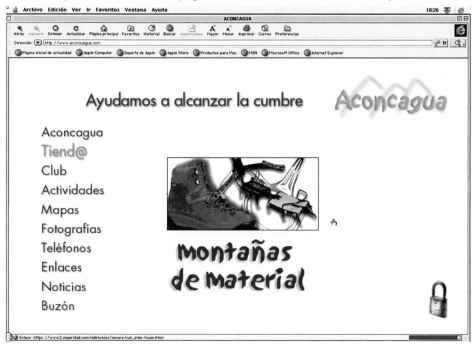

 ◇ A mí me parece que es una empresa de... porque...

 B. Escucha a dos personas que hablan sobre esta página web. ¿A qué se dedica la empresa Aconcagua?

NOMBRE DE LA EMPRESA: Aconcagua

ACTIVIDAD: _____

 C. ¿Están de acuerdo con las siguientes afirmaciones?

	Sí	No
1. El texto se lee bien.		
2. Es una web segura.		
3. No se ve claramente lo que ofrece la empresa.		
4. La barra del menú es confusa.		
5. Da la impresión de ser una empresa seria.		
6. Capta la atención de los internautas.		

D. ¿Y tú, estás de acuerdo con las afirmaciones anteriores? Coméntalo con tu compañero.

 ◇ Yo creo que no se puede leer bien porque la letra...

5. NETGOURMET

A. Aquí tienes el correo electrónico que el director de Netgourmet envía a Internet Creación, la empresa que va a hacer el diseño de su página web. ¿Está conforme con la propuesta que le han hecho?

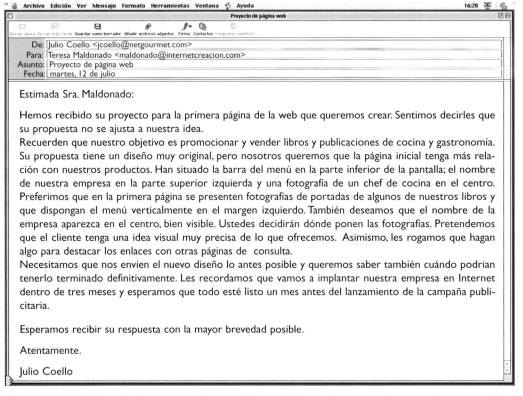

Archivo	Edición	Ver	Mensaje	Formato	Herramientas	Ventana	Ayuda		16:28

Proyecto de página web

Enviar ahora · Enviar más tarde · Guardar como borrador · Añadir archivos adjuntos · Firma · Contactos · Comprobar nombres

De: Julio Coello <jcoello@netgourmet.com>
Para: Teresa Maldonado <maldonado@internetcreacion.com>
Asunto: Proyecto de página web
Fecha: martes, 12 de julio

Estimada Sra. Maldonado:

Hemos recibido su proyecto para la primera página de la web que queremos crear. Sentimos decirles que su propuesta no se ajusta a nuestra idea.

Recuerden que nuestro objetivo es promocionar y vender libros y publicaciones de cocina y gastronomía. Su propuesta tiene un diseño muy original, pero nosotros queremos que la página inicial tenga más relación con nuestros productos. Han situado la barra del menú en la parte inferior de la pantalla; el nombre de nuestra empresa en la parte superior izquierda y una fotografía de un chef de cocina en el centro. Preferimos que en la primera página se presenten fotografías de portadas de algunos de nuestros libros y que dispongan el menú verticalmente en el margen izquierdo. También deseamos que el nombre de la empresa aparezca en el centro, bien visible. Ustedes decidirán dónde ponen las fotografías. Pretendemos que el cliente tenga una idea visual muy precisa de lo que ofrecemos. Asimismo, les rogamos que hagan algo para destacar los enlaces con otras páginas de consulta.

Necesitamos que nos envíen el nuevo diseño lo antes posible y queremos saber también cuándo podrían tenerlo terminado definitivamente. Les recordamos que vamos a implantar nuestra empresa en Internet dentro de tres meses y esperamos que todo esté listo un mes antes del lanzamiento de la campaña publicitaria.

Esperamos recibir su respuesta con la mayor brevedad posible.

Atentamente.

Julio Coello

B. Identifica cuál es la página propuesta por Internet Creación y cuál la deseada por el cliente.

 ◇ La página que propone Internet Creación es ésta, porque...

C. Lee otra vez el correo electrónico y subraya lo que el director de Netgourmet pide a Internet Creación.

6. EDICIONES DIGITALES

A. En tu clase queréis suscribiros a dos publicaciones digitales en español. Lee la descripción que se hace de las siguientes publicaciones y elige dos.

Sportsya www.sportsya.com
Noticias en español de todos los deportes de Latinoamérica, Estados Unidos y Europa. Puntual información sobre competiciones, reportajes sobre deportistas famosos y especialmente sobre fútbol, el deporte rey en estas páginas. Vale la pena consultarla para estar al día en deportes.

Cinco días www.cincodias.es
El periódico más antiguo de la prensa económica española. Contiene información procedente de Europa y de Latinoamérica. En su portada digital se abre una ventana con las cotizaciones bursátiles actualizadas cada 15 minutos. Cuenta con un buscador dedicado a empresarios o directivos para saber si la edición tiene alguna noticia sobre ellos o sus empresas.

Internet Surf www.isurf.com.ar
La edición electrónica de la revista argentina Internet Surf ofrece en cada número artículos, noticias y novedades en Internet. Asimismo, incluye una selección de sitios y una lista de los más visitados. Facilita todo tipo de programas y trucos para una óptima navegación. Ofrece la posibilidad de recibir un resumen diario de lo último en tecnología e Internet.

Muy interesante
www.muyinteresante.es
Reportajes, entrevistas y mucha información para tener noticias de los últimos descubrimientos científicos y tecnológicos. Una publicación adecuada para que todos los lectores interesados puedan entender lo que pasa en diferentes campos de la investigación: desde arqueología e historia a biotecnología o informática.

El País www.elpais.es
Con más de dos millones y medio de visitas mensuales, es el segundo periódico europeo más visitado en Internet. Tiene una presentación sencilla: en su portada se leen los principales titulares del día, así como las novedades de sus secciones y de sus suplementos especiales. El diario ofrece un servicio de suscripción gratuita por correo a titulares, que permite recibir todos los días las secciones escogidas por el usuario. Tiene un espacio reservado al mundo del cine y al de la música con una base de datos actualizada de películas, discos y libros.

B. En grupos, explica a tus compañeros qué publicaciones has elegido y por qué. Intenta convencer a tu grupo. Tenéis que llegar a un acuerdo para proponer a la clase dos publicaciones.

◇ Creo que vale la pena que nos suscribamos a... porque...
★ Pues a mí esa publicación no me interesa tanto...

C. Ahora, explicad al resto de la clase vuestra elección. ¿Cuáles son las dos publicaciones más votadas?

7. ¡CUÁNTO TIEMPO!

A. ¿Qué les pasa a estas personas? Relaciona las frases con los dibujos. Después, compara tus respuestas con las de tu compañero.

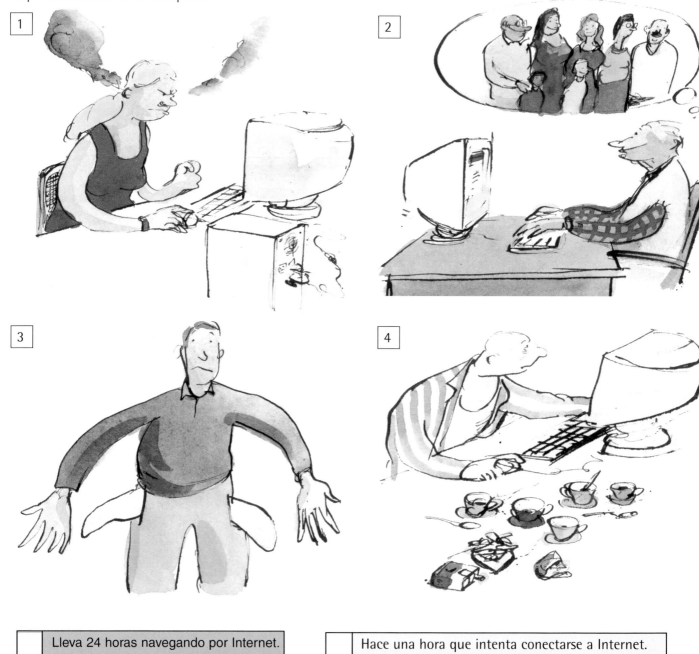

| | Lleva 24 horas navegando por Internet. |

| | Hace una hora que intenta conectarse a Internet. |

| | Tiene más contacto con su familia desde que puede enviar correos electrónicos. |

| | Desde que invirtió en una empresa en Internet ha perdido mucho dinero. |

B. Ahora, completa estas frases con informaciones sobre ti. Cuantas más frases escribas mejor.

Hace más de un año que no...	Llevo una semana...	Desde que empecé a estudiar español...

C. Intenta adivinar qué ha escrito tu compañero. ¿Cuántas frases puedes adivinar?

◇ Hace más de un año que no vas al cine.
★ No. Hace más de un año que no voy de vacaciones.
◇ ¡Ah!

8. ¿VALE LA PENA?

A. Pregunta a tu compañero si ha hecho estas cosas por Internet y si cree que vale la pena hacerlas.

	SÍ	NO	¿POR QUÉ?
1. Comprar libros.			
2. Buscar información.			
3. Comprar un billete de avión.			
4. Poner un anuncio.			
5. Hacer una operación bancaria.			
6. Comprar discos.			
7. Entrar en un chat.			
8. Invertir en bolsa.			
9. ...			

◇ ¿Has comprado libros alguna vez por Internet?
★ Sí.
◇ ¿Y vale la pena?
★ Sí, porque comprar en Internet es más económico que...

B. Ahora explica un par de cosas de tu compañero al resto de la clase.

9. UNA PÁGINA WEB PARA ESTUDIANTES

A. Queréis lanzar una página web para estudiantes de español. En parejas, pensad en un nombre para la web, una dirección y un logotipo.

◇ ¿Por qué no le ponemos...?
★ De acuerdo. Y la dirección puede ser www...

B. Aquí tenéis algunos elementos que pueden aparecer en la página de presentación. Decidid dónde los colocaríais para conseguir una página sugerente. Podéis añadir otras cosas que os parezcan interesantes. No os olvidéis de poner también el nombre y el logotipo. Después, explicad vuestra propuesta al resto de la clase.

Iconos

cursos

ofertas de empleo

becas

consultas al profesor

al lado
encima
debajo   de...
a la izquierda
a la derecha

entre...

en la parte   superior
inferior
en el margen   izquierdo/a
derecho/a
en la esquina   de arriba
de abajo

en el centro
arriba
abajo

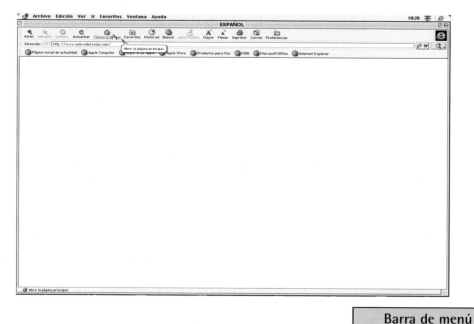

Barra de menú
(horizontal o vertical)

biblioteca	chat	publicaciones en español	noticias	los mejores enlaces	buzón

biblioteca

chat

publicaciones
en español

noticias

los mejores
enlaces

buzón

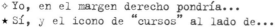

◇ Yo, en el margen derecho pondría...
★ Sí, y el icono de "cursos" al lado de...

10. CAMBIOS EN LA WEB

A. Lee el correo electrónico que la empresa RICO-RICO ha enviado a sus clientes. ¿Cuál es el objetivo de este correo electrónico?

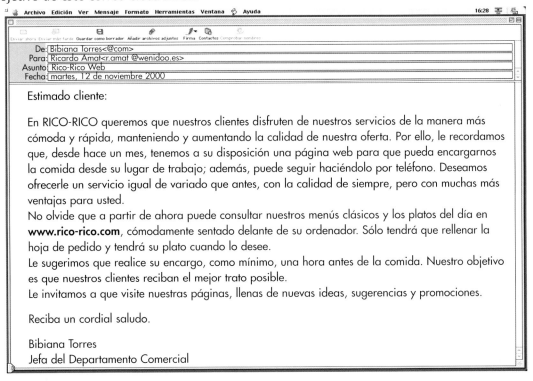

De: Bibiana Torres<@com>
Para: Ricardo Amat<r.amat @wenidoo.es>
Asunto: Rico-Rico Web
Fecha: martes, 12 de noviembre 2000

Estimado cliente:

En RICO-RICO queremos que nuestros clientes disfruten de nuestros servicios de la manera más cómoda y rápida, manteniendo y aumentando la calidad de nuestra oferta. Por ello, le recordamos que, desde hace un mes, tenemos a su disposición una página web para que pueda encargarnos la comida desde su lugar de trabajo; además, puede seguir haciéndolo por teléfono. Deseamos ofrecerle un servicio igual de variado que antes, con la calidad de siempre, pero con muchas más ventajas para usted.

No olvide que a partir de ahora puede consultar nuestros menús clásicos y los platos del día en **www.rico-rico.com**, cómodamente sentado delante de su ordenador. Sólo tendrá que rellenar la hoja de pedido y tendrá su plato cuando lo desee.

Le sugerimos que realice su encargo, como mínimo, una hora antes de la comida. Nuestro objetivo es que nuestros clientes reciban el mejor trato posible.

Le invitamos a que visite nuestras páginas, llenas de nuevas ideas, sugerencias y promociones.

Reciba un cordial saludo.

Bibiana Torres
Jefa del Departamento Comercial

B. Imagina que habéis decidido ampliar los servicios que ofrece RICO-RICO, empresa para la que trabajáis. En parejas, escoged los servicios que os parezcan más interesantes de esta lista. Podéis añadir otros que se os ocurran.

Abrir restaurantes cerca de los lugares donde hay numerosas oficinas.

Prolongar las horas del servicio hasta la cena.

Organizar fiestas de cumpleaños en la oficina.

Organizar recepciones y cócteles.

Preparar menús de cocina típica para los visitantes extranjeros.

Ofrecer una tarjeta de cliente que acumule puntos para comidas gratuitas.

Aceptar los vales de restaurante.

 ◇ Yo propongo que la gente también pueda...

C. Escribe un correo electrónico a los clientes, recordándoles que vuestra página web sigue estando a su disposición y que pueden beneficiarse ya de los nuevos servicios de RICO-RICO.

11. DIRECCIONES ÚTILES

En parejas.

Alumno A

Aquí tienes una lista de direcciones que pueden ser interesantes para mejorar tu español.
Selecciona cuatro que le puedan interesar a tu compañero y recomiéndaselas.

 ◇ Esta página puede ser útil para ti. Toma nota: uve doble...

http://www.artelatino.com

Literatura, teatro, artes plásticas y danza de creadores latinoamericanos.

http://www.musica.org

Información sobre música española: conciertos, letras de canciones y posibilidad de escuchar grabaciones.

http://www.el-castellano.com

Recursos: diccionarios, gramática, literatura, traducción, actualidad...

http://www.aqui.vzla.org

Ecología, artesanía e imágenes de Venezuela.

http://www.intermundo.com.mx

Publicación mexicana sobre industria y comercio.

http://www.capitaldictionary.com

Diccionario de términos financieros y comerciales.

http://www.literatura.org

Información sobre escritores argentinos del siglo XX: Cortázar, Borges, Sábato, etc.

http://www.terra.com

Una web creada para el intercambio de información entre países de Latinoamérica, España y Portugal: noticias, chats, juegos, deportes, etc.

Alumno B

Aquí tienes una lista de direcciones que pueden ser interesantes para mejorar tu español.
Selecciona cuatro y recomiéndaselas a tu compañero.

 ◇ Esta página puede ser interesante para ti. Toma nota: uve doble...

http://www.cervantes.es

Publicaciones en países de habla española, ejercicios para estudiantes, información sobre centros de enseñanza, foros, etc.

http://www.ptcenter.com

Información sobre turismo en Perú. Hoteles, restaurantes, fiestas e índice de empresas relacionadas con la artesanía.

http://www.ciudadesNet.com

Información sobre líneas aéreas, hoteles, museos, oficinas de gobierno y universidades en toda Latinoamérica.

http://www.tumenu.com

Foro de discusión gastronómica e intercambio de recetas.

http://www.bne.es

Biblioteca Nacional de España.

http://www.ozu.es

Un buscador español que contiene todo tipo de servicios: chats, información general, prensa, recetas, mapa, reservas, postales...

http://www.mexicodesconocido.com.mx

Información amplia y documentada sobre México: cultura indígena, fauna, gastronomía, fiestas populares, museos, monumentos, parques naturales, etc.

http://www.letralia.com

Revista venezolana sobre literatura y cultura latinoamericana. Incluye noticias de actualidad.

UNA NUEVA WEB

T

A. Aquí tienes tres ideas de negocios. En grupos, decidid cuál de las empresas puede tener más éxito en la red (también podéis proponer otra empresa). Una vez que lo tengáis decidido, pensad en el tipo de clientes que puede tener la empresa y en los objetivos de su presencia en Internet.

◇ A mí me parece que la más viable y la que más posibilidades ofrece es...
★ Sí, y se dirige a un público...

LA CASA
Residencia para animales.
Alojamiento para animales.
Asistencia sanitaria 24 horas.
Comidas especiales.
Adopciones.

D-FIESTA
Organización de fiestas.
Comidas de empresa.
Despedidas de soltero/a.
Fiestas infantiles.
Banquetes.

MUNDO-FLOR
Floristería.
Envío de flores y plantas a todo el mundo.
Servicio de jardinería a domicilio.
Alquiler de parques y jardines.
Consultas a especialistas.

B. Preparad un dibujo como borrador con vuestras ideas sobre cómo creéis que debería ser la primera página para que resulte útil y atractiva. Tened en cuenta la localización de todos los elementos: el logotipo, la barra de menú, los iconos... No olvidéis que podéis usar todo tipo de recursos: imágenes, sonido...

◇ El logotipo podríamos ponerlo en el centro...

C. Ahora ya tenéis una idea precisa de lo que queréis. Escribid un correo electrónico para encargar la página a la empresa SITIOWEB dando toda clase de detalles y explicaciones.

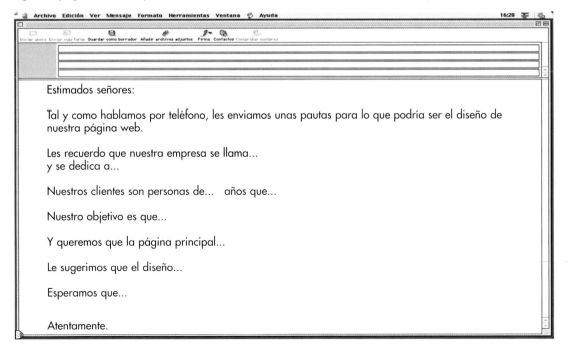

Archivo   Edición   Ver   Mensaje   Formato   Herramientas   Ventana   Ayuda   16:28

Enviar ahora Enviar más tarde Guardar como borrador Añadir archivos adjuntos Firma Contactos Comprobar nombres

Estimados señores:

Tal y como hablamos por teléfono, les enviamos unas pautas para lo que podría ser el diseño de nuestra página web.

Les recuerdo que nuestra empresa se llama...
y se dedica a...

Nuestros clientes son personas de...   años que...

Nuestro objetivo es que...

Y queremos que la página principal...

Le sugerimos que el diseño...

Esperamos que...

Atentamente.

GRAMÁTICA

Expresar finalidad

Para + Infinitivo
Para tener éxito en una empresa no hay que olvidar los medios tradicionales.

Para que + Presente de Subjuntivo
Tenemos a su disposición una página web para que pueda encargarnos la comida...

Nuestro objetivo es + Infinitivo
Nuestro objetivo es promocionar y vender libros...

Nuestro objetivo es que + Presente de Subjuntivo
Nuestro objetivo es que nuestros clientes reciban el mejor trato posible.

Expresar deseos e intenciones

querer
desear   + Infinitivo
esperar
pretender

Deseamos ofrecerle un servicio más completo, lleno de ventajas para usted.
Queremos saber también cuándo podrían tenerlo terminado definitivamente.
Esperamos recibir su respuesta...

querer
desear   + que + Presente de Subjuntivo
esperar
pretender

Queremos que la página inicial tenga más relación con nuestros productos.
Deseamos que el nombre de la empresa aparezca en el centro.
Esperamos que todo esté listo un mes antes del lanzamiento de la campaña publicitaria.
Pretendemos que el cliente tenga una idea visual muy precisa de lo que ofrecemos.

Presente de Subjuntivo: más usos

Expresar necesidad
Necesitamos que nos envíen el nuevo diseño lo antes posible...

Expresar preferencia
Preferimos que en la primera página se presenten fotografías...

Pedir
Les rogamos que hagan algo para destacar los enlaces con otras páginas de consulta.

Sugerir
Le sugerimos que realice su encargo.
◇ Yo propongo que la gente también pueda...

Invitar
Le invitamos a que visite nuestras páginas, llenas de nuevas ideas, sugerencias y promociones.

Valorar

Merece/vale la pena + Infinitivo
No merece la pena correr riesgos.

Merece/vale la pena + que + Presente de Subjuntivo
◇ Yo creo que vale la pena que nos suscribamos a...

Expresar conveniencia

          básico
          fundamental
Es +   importante   + que + Presente de Subjuntivo
          útil

Es básico que los contenidos estén bien estructurados.

Es fundamental que diseñe un plan estratégico para...

Hablar sobre el inicio de una actividad

Desde que Internet dio sus primeros pasos...

Tengo muchos amigos en todo el mundo **desde que** estoy conectado a Internet.

⋄ Yo hace mucho tiempo que estoy conectado a Internet.
★ Pues yo sólo **desde** el año pasado.

Hablar del tiempo transcurrido hasta el presente

llevar + cantidad de tiempo + gerundio
Lleva 24 horas navegando por Internet.

hace + cantidad de tiempo + que
⋄ Yo **hace mucho tiempo que** estoy conectado a Internet.

hace más/menos de + cantidad de tiempo + que

Hace $\begin{array}{c} \text{más} \\ \text{menos} \end{array}$ de un año **que** no vas al cine.

desde hace + cantidad de tiempo
Le recordamos que, **desde hace un mes**, tenemos a su disposición una página web...

Comparar

Deseamos ofrecerle un servico **igual de** variado **que** antes...

Navegar por Internet no es **tan** fácil **como** parece.

Comprar en Internet es $\begin{array}{c} \text{más} \\ \text{menos}* \end{array}$ económico **que**...

Internet es $\begin{array}{c} \text{más} \\ \text{menos}* \end{array}$ útil **de lo que** todo el mundo dice.

* Normalmente:

Mi trabajo no es **tan** interesante **como** antes.

TANTO

⋄ Yo creo que vale la que nos suscribamos a... porque...

★ Pues a mí esta publicación no me interesa **tanto**..

Disponer elementos en un espacio

en la parte
en el margen
en la esquina

superior
inferior
izquierdo/a
derecho/a
de arriba
de abajo

en el centro

arriba
abajo

⋄ Yo, **en el margen derecho** pondría...

Han situado la barra del menú **en la parte inferior** de la pantalla...

al lado
encima
debajo   **(de)**
a la izquierda
a la derecha

entre...

⋄ Sí, y el icono de "cursos" **al lado de...**

8

Correspondencia comercial

1. ¿DISEÑO O CONTENIDO?

A. Cuando recibes una carta de una empresa, ¿te influye la presentación o sólo te fijas en el contenido? Comenta con tu compañero con cuál de estas tres afirmaciones te identificas más.

"Las cartas son un medio de comunicación de las empresas y pueden tener tanto impacto como un anuncio. Por eso es fundamental la imagen: un buen diseño, la calidad del papel y el tipo de letra". (Antonio Quesada, director de marketing)

"Lo más importante de una carta comercial es su contenido. Tiene, además, que estar bien redactada, ser clara y precisa". (Román Fuentes, director de una PYME)

"En la correspondencia comercial todo es básico; tanto la redacción como la presentación. Una carta puede decir mucho sobre la empresa que la envía". (Manuela Vázquez, directora de comunicación)

◇ A mí me parece que Antonio Quesada tiene razón. Yo, cuando recibo una carta comercial...

B. Éstos son algunos de los elementos que integran una carta comercial. ¿Puedes identificarlos en la carta?

membrete
referencia
fecha
dirección
destinatario
asunto
saludo
despedida
firma

MODAS SARA
Paseo de la Estación, 12
37004 SALAMANCA
Tel. 923 69 34 56

S/ref. BP/EA
n/ref.145

Sr. Francisco Aguirre
DISEÑO GRÁFICO S.A.
Avda. de Madrid, 235
31002 PAMPLONA

Salamanca, 20 de diciembre de 2000

Asunto: petición de catálogo, precios y condiciones.

Estimado Señor Aguirre:

Le agradecería que nos enviara, con la mayor brevedad posible, un catálogo detallado con la lista de precios de sus servicios de diseño gráfico. Tenemos la intención de renovar nuestro material de papelería, destinado a la correspondencia con nuestros clientes, y estamos estudiando la posibilidad de encargarles la realización de un nuevo logotipo.
Rogamos, asimismo, especifiquen todo lo que se refiere a los plazos de entrega y formas de pago.
Esperando sus noticias, aprovechamos la ocasión para saludarles atentamente.

Blanca Paredes
Jefa de Marketing

◇ Esto es el membrete, ¿no?
★ No, es esto, creo.

C. Comenta con tu compañero si los elementos anteriores se escriben y se colocan en el mismo lugar en la correspondencia comercial de vuestro país. ¿Podéis detectar otras diferencias?

◇ Fíjate, la fecha se escribe a la derecha.
★ Sí, y después del saludo hay que escribir...

2. CONDICIONES DE VENTA

A. Lee la carta que la empresa ESPAN envía a la compañía TEVSA. ¿Cuál es el motivo de la carta?

ESPAN
Paseo de Portugal, 13
28003 MADRID
Teléfono 91 456 23 45

su/referencia BP/CG 543
n/referencia: AM/MT. 987

TEVSA SA
García Solier, 33
42006 SORIA

Madrid, 10 de noviembre de 2000

☐ solicitar información sobre condiciones de pago

☐ confirmar un pedido

☐ reclamar una factura no recibida

☐ cursar un pedido

☐ enviar información sobre precios de productos, condiciones de pago y de entrega

☐ reclamar un pago

☐ acusar recibo de una factura y notificar la devolución o la falta de algunos productos

Muy señores míos:

Nos complace enviarles los documentos que nos solicitaron: catálogo general y lista de precios.

En cuanto a las condiciones de pago, aplicamos las siguientes: para todo importe inferior a 9 000 euros, el pago se efectúa al contado al recibir la mercancía ya sea por cheque, por giro postal o por transferencia a nuestra cuenta del Banco Vartra. En caso de que el importe sea superior, les giraremos una letra de cambio a 30 días fecha factura y les haremos un descuento del 5% sobre el precio del catálogo sin incluir el IVA. El tipo de descuento podrá aumentar, siempre y cuando el importe del pedido sea superior a 9 000 euros.

La entrega se realizará en un plazo de 15 días, como máximo. El embalaje está incluido en el precio y el transporte queda a su cargo.

Esperando que estas condiciones les convengan, quedamos a su disposición para cualquier información.

Atentamente.

Ángel Manzano
Departamento Comercial

ANEXO: 1 catálogo
1 lista de precios

B. Lee otra vez la carta y decide si las siguientes frases son verdaderas o falsas.

	Verdadero	Falso
1. La carta no adjunta ningún otro documento.		
2. Si el pedido es de menos de 9 000 euros, TEVSA debe pagar al contado.		
3. TEVSA puede escoger entre cuatro modalidades de pago.		
4. ESPAN concede un descuento del 3% a TEVSA sobre el precio de los artículos con el IVA incluido.		
5. TEVSA recibirá la mercancía en menos de dos semanas.		
6. ESPAN pagará el embalaje y el transporte de la mercancía.		

C. Trabajas en ESPAN. En los últimos meses habéis recibido quejas de vuestros clientes por la rigidez de las condiciones de pago que les exigís. Aquí tienes otras condiciones de pago posibles. Comenta con tu compañero cuáles podéis ofrecer a los siguientes clientes:

Tipos de clientes:
- antiguos clientes que pagan puntualmente
- antiguos clientes que últimamente tienen problemas de liquidez
- antiguos clientes con serios problemas de liquidez
- clientes con facturas impagadas
- nuevos clientes con cierto riesgo
- nuevos clientes con buenas referencias de otros proveedores

Condiciones de pago:
- pago a 120 días fecha factura
- pago a 90 días fecha factura
- pago a 30 días fecha factura
- pagaré a 60 días
- pagaré a 30 días
- pago al contado

 ⋄ A los antiguos clientes que pagan puntualmente podríamos ofrecerles...

3. UNA NEGOCIACIÓN

A. Juan González, director de una pequeña empresa que fabrica corbatas, y Delia Ortega, jefa de compras de unos grandes almacenes, están en una reunión. Mira el dibujo. ¿Sobre qué crees que están negociando? Coméntalo con tu compañero.

Sobre el precio de los productos.	Sobre los descuentos.

Sobre el transporte de los productos.	Sobre los plazos de entrega.

 ⋄ Están negociando sobre...

 B. Escucha la conversación. ¿A qué acuerdos llegan?

Cantidad: _____

Plazo de entrega: _____

Forma de pago: _____

C. Aquí tienes algunas de las frases que dicen Juan González y Delia Ortega durante la conversación. ¿Quién crees que dice cada una?

	Juan González	Delia Ortega
1. Tenga en cuenta que somos una empresa pequeña.		
2. Propongo que retrasemos la entrega hasta el 15 de noviembre.		
3. No, imposible; no podemos esperar tanto.		
4. A ver, podríamos entregar la mitad de la mercancía el 15 de noviembre.		
5. Me lo pone difícil. ¿Y si les entregamos 5 modelos el 15 y después...?		
6. Perdone, pero eso no es negociable. Necesitamos los 10 modelos al mismo tiempo.		
7. Tiene que asegurarme que la mitad de la mercancía, en la gama completa, estará el 15 de noviembre en el almacén.		
8. Le garantizo que la tendrán.		

 D. Escucha otra vez y comprueba. ¿Quién crees que es más flexible, Juan González o Delia Ortega?

4. UNA FACTURA

A. Lee este pedido, busca y escribe en el recuadro las abreviaturas que equivalen a estas palabras.

su/ref: NR/LM 2256
n/ref: JLL/DR. 543

VIAJES FALCÓN
Capitán Arenas, 90
09080 BURGOS
CIF: S-0928436-I

IMPRENTA PRADO
Pl. Romana S/N
09080 BURGOS

Burgos, 3 de abril de ......

Muy señores míos:

De acuerdo con su presupuesto del 7 del presente, les cursamos
pedido de:
- 3000 folletos "Costa Cantábrica" de 30 X 25cm a 1,15 euros/u.
- 2000 folletos "Picos de Europa" de 30 X 25cm a 1,15 euros/u.
El importe total es de 5750 euros más el 16% de IVA. Efectuaremos
el pago por L/ a 90 días f.f. Es imprescindible que la mercancía llegue,
como máximo, el 30 de este mes.

Los folletos irán en cajas de 1000 unidades y el transporte lo efectua-
rá Transportes Trans a nuestro cargo en nuestra razón social.

Reciban un cordial saludo.

Fdo.: José Luis Luján
Dpto. de Compras

departamento:

unidad:

Impuesto sobre el Valor Añadido:

letra:

firmado:

fecha factura:

referencia:

Código de Identificación Fiscal:

sin número:

IMPRENTA PRADO
Pl. Romana S/N
09080 BURGOS
CIF: S- 7898701-J

B. Ahora completa la factura que emite la
Imprenta Prado.

Burgos, 10 de abril de .....

Nº 987

, Capitán Arenas, de BURGOS, con el CIF nº

DEBE
Por las siguientes mercancías remitidas por IMPRENTA PRADO
pago a   días

CANTIDAD	CONCEPTO		PRECIO		IMPORTE
	Folletos	de 30 X 25cm		euros/u	3450 euros
	Folletos	de 30 X 25cm		euros/u	2300 euros
			TOTAL		5750 euros
			IVA		920 euros
			TOTAL A PAGAR:		6670 euros

5. UNA CARTA EFICAZ

A. Lee estas dos cartas. ¿Qué tienen en común?

Gabriel Zubía
ALMACENES ZABALETA, S.L.
Máximo Aguirre, 26
Apartado 305 BILBAO
Tel: 94 442 22 89

CASA ABASOLO
Paseo Colón, 124
21800 MOGUER

su referencia: BA/VL
n/referencia: GZ/NA

Bilbao, 30 de mayo de 2000

Distinguidos clientes:

El motivo de nuestra carta es recordarles que hasta la fecha de hoy no han hecho efectivo el pago de la factura nº 1334, que tenía que efectuarse por transferencia bancaria. Estamos seguros de que este retraso se debe a un error involuntario de su Departamento de Contabilidad.

Esperamos que ingresen el importe lo antes posible. No duden en ponerse en contacto con nosotros para cualquier cuestión. Si cuando reciban esta carta ya se ha efectuado el pago, les rogamos que no la tengan en consideración.
Quedamos a la espera de sus noticias.

Muy atentamente,

Gabriel Zubía
Jefe Administrativo
Almacenes Zabaleta

MOBILSA
Huertas, 32
15075- SANTIAGO
Tel. 981 56 60 13

IMCB
Fernández Viana, 11
01007 Vitoria

su referencia: CB/ TO
n/referencia: MA/LS

Santiago, 2 de septiembre de 2000

Estimados Señores:

Nos vemos obligados a recordarles que todavía no hemos recibido el importe de nuestra factura nº 333 que asciende a 30.000 euros. Ustedes se comprometieron a pagar con fecha 30 de junio y ante su falta de respuesta, queremos comunicarles que si no efectúan el pago dentro de una semana, tomaremos otro tipo de medidas que incluirán la vía judicial.

Atentamente,

Miguel Arce
Gerente

 ◇ Bueno, las dos son cartas son para...

B. ¿Cuál de las dos cartas anteriores consideras que es más eficaz? Como cliente, ¿cuál preferirías recibir? Y como empresa, ¿cuál enviarías? ¿Por qué? Coméntalo con tu compañero.

◇ Para mí, la primera es...
★ Pues yo, personalmente...

6. MÁS INFORMACIÓN

A. En parejas. Trabajáis en una empresa en la que se van a integrar dos directivos que tienen que aprender español y sois los encargados de buscar un centro donde puedan hacer un curso intensivo. Aquí tenéis cuatro propuestas, ¿cuál elegís?

Escuela de Alta Formación
Cursos de Español para Profesionales

- Profesorado especializado
- Gran flexibilidad de horarios: de 08:00 a 22:00, de lunes a sábado
- Programas específicos para empresas
- Programas especiales de inmersión (8 horas de clase, comidas y descansos con profesor)
- Servicio de traducciones comerciales, técnicas y jurídicas
- Internet, CD-ROM, TV satélite
- Alojamiento en familia, en hotel o residencia universitaria

EAF - Escuela de Alta Formación
C/María de Molina 45
28065 MADRID
Tel: (+34) 91 310 50 92

Centro de Lenguas Santia

Inglés - Francés - Alemán - Español - Ruso
Centro especializado en programas para empresas y en la enseñanza de idiomas para profesionales.
Cursos a medida durante todo el año.
Sala multimedia.
Preparación para exámenes.
Cursos de lengua y cultura.
Alojamiento con familias, en residencias universitarias o en piso compartido.

Centro de Lenguas Santia
Diagonal 564, 08013 Barcelona
Tel: 93 4412598

PANAMERICANA DE LENGUAS

· Gran experiencia en la didáctica de lenguas
· Profesorado altamente cualificado
· Clases a grupos reducidos y en empresas
· Literatura, música y gastronomía argentina
· Laboratorio multimedia
· Horarios flexibles

Panamericana de Lenguas
25 de Mayo, 251
1002 Buenos Aires
(+54)11 3343 1196

Escuela Internacional de Idiomas

EII

Gran experiencia en la enseñanza de segundas lenguas
Lengua y cultura española e hispanoamericana.
Profesorado nativo especializado.
Clases: en grupos reducidos, en empresas o a particulares.
Laboratorio multimedia.
Preparación de exámenes oficiales.
Horarios flexibles.

EII
Albareda 17, 41001 Sevilla
Tel: (+34) 95 450 21 31

 ◇ De las cuatro, la que me parece más profesional es...

precios
cancelación de clases
horarios
pruebas de nivel
ubicación
matrícula
instalaciones...

B. ¿Qué otras informaciones necesitáis saber? Elaborad una lista.

◇ Necesitamos saber exactamente...

C. Ahora completad la carta.

Apreciados señores:

Les agradecería que me enviaran información detallada sobre...

Asimismo, les ruego que...

Si quieren ponerse en contacto conmigo, pueden hacerlo por teléfono en el nº...

A la espera de sus noticias, reciban un cordial saludo.

7. LLEGAR A UN ACUERDO

A. Trabajáis en una empresa que está en crisis. Para aumentar la producción, la dirección ha decidido no cerrar durante las vacaciones de verano y establecer turnos de dos semanas en julio y en agosto. Los empleados no están de acuerdo y quieren negociar una solución. La mitad de la clase es representante de los empleados, la otra mitad, miembro de la dirección.

Si eres representante de los empleados:

Reúnete con otros representantes para preparar la negociación. Tenéis que conseguir las mejores condiciones para vuestros compañeros. No queréis renunciar a vuestro mes de vacaciones en verano y si tenéis que hacerlo, queréis una compensación económica.

Si eres directivo:

Reúnete con otros directivos para preparar la negociación. Debéis conseguir el acuerdo más ventajoso para la empresa. La situación de crisis no permite que los empleados tomen todas las vacaciones en verano. Proponéis dos semanas en verano y dos semanas en otra época del año. Vuestro objetivo es conseguir llegar al acuerdo que menos dinero cueste a la empresa.

 ◇ Propongo que...

B. Ahora, en parejas, os reunís representantes y directivos para intentar llegar a un acuerdo.

Tenga en cuenta que...
Eso no es negociable...
No, imposible...
¿Y si...?
Propongo que...
Tiene que asegurarme que...
No se olvide de que...
Le garantizo que...

◇ Tienen que asegurarnos que...

C. ¿A qué acuerdo habéis llegado? Explicádselo a vuestros compañeros.

8. UNA HOJA DE PEDIDO

A. Escucha la conversación telefónica entre un empleado de Textil Rius y un cliente, y rellena la hoja de pedido.

TEXTIL RIUS

HOJA DE PEDIDO

CLIENTE: HOTEL VISTAMAR
DIRECCIÓN: Paseo Marítimo 165, 07720 VILLACARLOS (MENORCA)
TELÉFONO: 971356789
CIF: F3245798
Nº de pedido: 890
Fecha: 15 de septiembre de 2000

MODELO	REFERENCIA	CANTIDAD	PRECIO UNITARIO	PRECIO TOTAL
			euros	
			euros	
			TOTAL: Dto. acordado: IVA,16%: IMPORTE TOTAL:	

Forma de pago:
Plazo de entrega:
Envío:

B. Escucha otra vez la conversación y completa los datos que te falten.

C. El Hotel Vistamar ha recibido su pedido. Éste es el albarán que acompaña al paquete. ¿Han recibido lo que pidieron?

TEXTIL RIUS
Valencia, 345
08021 BARCELONA

Nº 891

Barcelona, 22 de septiembre de 2000

HOTEL VISTAMAR
Paseo Marítimo 165,
07720 VILLACARLOS

Les remitimos los siguientes géneros por medio de TRANSMAD:

MODELO	REFERENCIA	CANTIDAD	PRECIO UNITARIO	PRECIO TOTAL
SOL	M/234	2000	2,0 euros	4000 euros
CAMPO	N/765	500	3,5 euros	1750 euros
			TOTAL	5750 euros

Recibí conforme:

D. ¿Qué medidas crees que debe tomar el Hotel Vistamar? ¿Qué debería hacer Textil Rius para compensar a su cliente? Coméntalo con tu compañero.

◇ El Hotel Vistamar debería...

9. LA CESTA DE NAVIDAD

A. En España es frecuente que muchas empresas regalen a sus clientes o a sus trabajadores una cesta de Navidad. La empresa ÚNICA S.A., después de mirar varios catálogos, ha elegido estas tres. Relaciona la descripción de la cesta con la foto correspondiente. Coméntalo con tu compañero.

Cesta nº 208

Bolso de mimbre nº 204

Caja de madera nº 610

Composición Lotes de Navidad		
Lote:_____	Lote:_____	Lote:_____
2 botellas de vino tinto 2 botellas de cava brut 1 barra de turrón duro 1 barra de turrón blando 1 caja de mazapán 1 caja de polvorones 1 caja de bombones 1 caja de bolitas de coco 1 caja de barquillos 1 caja de almendras rellenas 1 lata de paté	6 botellas de vino tinto Reserva del 94 de Rioja, Viña Albina	2 botellas de cava brut 2 botellas de vino tinto 1 botella de brandy 1 botella de whisky 1 botella de ginebra 1 botella de licor de manzana 1 barra de turrón duro 1 barra de turrón blando 1 barra de turrón de coco 1 caja de polvorones 1 caja de mazapán 1 lata de espárragos 1 lata de paté 1 lata de berberechos 1 lata de melocotón en almíbar 1 jamón serrano

B. ¿Cuál de estas cestas te gustaría recibir? ¿Qué incluirías tú en una cesta de regalo para tus clientes? Coméntalo con tu compañero.

 ◇ No sé, pondría un perfume y una buena botella de vino...

8. UNA HOJA DE PEDIDO

 A. Escucha la conversación telefónica entre un empleado de Textil Rius y un cliente, y rellena la hoja de pedido.

TEXTIL RIUS

HOJA DE PEDIDO

CLIENTE: HOTEL VISTAMAR
DIRECCIÓN: Paseo Marítimo 165, 07720 VILLACARLOS (MENORCA)
TELÉFONO: 971356789
CIF: F3245798
Nº de pedido: 890
Fecha: 15 de septiembre de 2000

MODELO	REFERENCIA	CANTIDAD	PRECIO UNITARIO	PRECIO TOTAL
			euros	
			euros	
			TOTAL: Dto. acordado: IVA,16%: IMPORTE TOTAL:	

Forma de pago:
Plazo de entrega:
Envío:

 B. Escucha otra vez la conversación y completa los datos que te falten.

C. El Hotel Vistamar ha recibido su pedido. Éste es el albarán que acompaña al paquete. ¿Han recibido lo que pidieron?

TEXTIL RIUS
Valencia, 345
08021 BARCELONA

Nº 891

Barcelona, 22 de septiembre de 2000

HOTEL VISTAMAR
Paseo Marítimo 165,
07720 VILLACARLOS

Les remitimos los siguientes géneros por medio de TRANSMAD:

MODELO	REFERENCIA	CANTIDAD	PRECIO UNITARIO	PRECIO TOTAL
SOL	M/234	2000	2,0 euros	4000 euros
CAMPO	N/765	500	3,5 euros	1750 euros
			TOTAL	5750 euros

Recibí conforme:

D. ¿Qué medidas crees que debe tomar el Hotel Vistamar? ¿Qué debería hacer Textil Rius para compensar a su cliente? Coméntalo con tu compañero.

 ◇ El Hotel Vistamar debería...

9. LA CESTA DE NAVIDAD

A. En España es frecuente que muchas empresas regalen a sus clientes o a sus trabajadores una cesta de Navidad. La empresa ÚNICA S.A., después de mirar varios catálogos, ha elegido estas tres. Relaciona la descripción de la cesta con la foto correspondiente. Coméntalo con tu compañero.

Cesta nº 208

Bolso de mimbre nº 204

Caja de madera nº 610

Composición Lotes de Navidad		
Lote:_____	Lote:_____	Lote:_____
2 botellas de vino tinto 2 botellas de cava brut 1 barra de turrón duro 1 barra de turrón blando 1 caja de mazapán 1 caja de polvorones 1 caja de bombones 1 caja de bolitas de coco 1 caja de barquillos 1 caja de almendras rellenas 1 lata de paté	6 botellas de vino tinto Reserva del 94 de Rioja, Viña Albina	2 botellas de cava brut 2 botellas de vino tinto 1 botella de brandy 1 botella de whisky 1 botella de ginebra 1 botella de licor de manzana 1 barra de turrón duro 1 barra de turrón blando 1 barra de turrón de coco 1 caja de polvorones 1 caja de mazapán 1 lata de espárragos 1 lata de paté 1 lata de berberechos 1 lata de melocotón en almíbar 1 jamón serrano

B. ¿Cuál de estas cestas te gustaría recibir? ¿Qué incluirías tú en una cesta de regalo para tus clientes? Coméntalo con tu compañero.

 ◇ No sé, pondría un perfume y una buena botella de vino...

T UN REGALO PARA TUS CLIENTES
En parejas A y B.

Alumno A:

A. Se acerca la Navidad y, como muchas empresas españolas, te gustaría regalar una cesta a tus cien mejores clientes. Ten en cuenta que:

- Tienes un presupuesto de 20 000 euros.

- No tienes problemas de liquidez pero te interesaría pagar a 120 días f.f.

- Tus clientes están repartidos por todo el país.

- El embalaje y la entrega de las cestas debería correr a cargo del proveedor.

B. Éstos son los productos que tu proveedor te ofrece para elaborar la cesta. Negocia e intenta conseguir el mejor regalo para tus clientes. Toma notas. Después de cerrar el trato, escribe una carta de pedido a tu proveedor.

Alumno B:

A. Eres un mayorista que se dedica a la elaboración de cestas de Navidad y regalos para empresas. Vas a tener que negociar con un cliente que está interesado en regalar una cesta de Navidad a sus clientes. Ten en cuenta que:

- Tienes problemas de liquidez y te interesa cobrar lo antes posible.

- Estás dispuesto a hacer un descuento.

- El embalaje y la entrega están incluidos en el precio, siempre y cuando los destinatarios estén en la misma ciudad.

B. Éstos son los productos que ofreces a tu cliente. Negocia con él e intenta conseguir el mayor beneficio para tu empresa. Toma notas. Después de cerrar el trato, prepara la factura que vas a enviar a tu cliente.

GRAMÁTICA

Recursos para la correspondencia comercial

Lugar y fecha

Salamanca, 20 de diciembre de 2000

Fórmulas para el saludo

Estimado/a Sr./a Aguirre:
Muy señor/a/es/as mío/a/os/as:
Querido/a/s colega/s:
Distinguido/s cliente/s:

Hacer referencia a una carta/pedido... anterior

De acuerdo con su presupuesto del 7 del presente,...

Anunciar un envío

Nos complace enviarles los documentos que nos solicitaron:
De acuerdo con..., les cursamos...

Hacer una petición

Rogamos, asímismo, (que) especifiquen...
Le agradecería que nos enviara un catálogo detallado...

Especificar condiciones de un pedido

En cuanto a las condiciones de pago aplicamos las siguientes: ...
La entrega se realizará en un plazo de 15 días...
El pago se efectúa al recibir la mercancía...

Fórmulas para despedidas que esperan una respuesta del cliente

Esperando sus noticias, aprovechamos la ocasión para saludarles atentamente.
Esperando que estas condiciones les convengan, quedamos a su disposición...
A la espera de sus noticias, reciba un cordial saludo.

Fórmulas para la despedida

Atentamente,
Cordialmente,
(Sin otro particular,) Reciba/n un cordial saludo.
Le/les saluda atentamente.

Recursos para negociar

Proponer

Propongo que retrasemos la entrega hasta el 25 de noviembre.

Rechazar una propuesta

Perdone, pero eso no es negociable.
(No,) imposible; no podemos esperar tanto.

Pedir una opinión

¿Qué le/les parece?

Sugerir

Podríamos entregar la mitad de la mercancía el 15.
¿Y si les entregamos cinco modelos el 15... ?

Interrumpir para pedir una aclaración

Perdone, ¿cómo dice?
Perdone, no sé si lo he entendido bien...

Garantizar

Le garantizo que la tendrán.

Resaltar una información

Tenga en cuenta que somos una empresa pequeña.
No se olvide de que para ustedes es una buena oportunidad...

Presentar una condición

Si nos pagan a 30 días, creo que **podríamos** llegar a un acuerdo.
En el caso de que el importe **sea** superior, les giraremos una letra...
El tipo de descuento podrá aumentar, **siempre y cuando** el pedido **sea** más importante.

Exigir un compromiso

Tiene que asegurarme que la mitad de la mercancía...

Tranquilizar

No se preocupe.

Cerrar un acuerdo

Bien, entonces, (**estamos**) **de acuerdo.**

Presentar un comentario nuevo

Pues lo mejor sería el 15 de noviembre.
Pues... dentro de dos semanas porque...
Pues yo, personalmente...

Marcadores conversacionales

Compartir una opinión

⬦ Nuestra producción, de momento, es reducida y por eso es de calidad...
★ **Claro,** ...

⬦ Portes debidos, claro.
★ **Efectivamente**, corre a nuestro cargo.

⬦ Resumiendo, ustedes necesitarían 5000 corbatas...
★ **Exacto.**

Atraer la atención del oyente

⬦ **Mira/e, te/le** propongo dos cosas.

⬦ **Fíjate,** la fecha se escribe a la derecha...

Estrategias de publicidad

1. ÉL NUNCA LO HARÍA

A. Mira el cartel. ¿Qué mensaje quiere transmitir?

◇ Creo que pretende promocionar...

B. Este cartel fue utilizado en una campaña publicitaria que tenía un presupuesto muy bajo. ¿Qué otros soportes publicitarios crees que utilizaron?

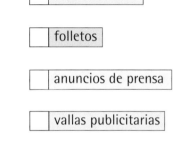

☐ anuncios de televisión

☐ cuñas de radio

☐ folletos

☐ anuncios de prensa

☐ vallas publicitarias

◇ Yo diría que también utilizaron...

C. Ahora lee el texto y comprueba.

NO LO ABANDONES. ÉL NUNCA LO HARÍA.

Nuestro objetivo con este anuncio era conseguir sensibilizar a la gente y para ello contábamos con un presupuesto reducido. El anunciante era la Fundación Purina, una asociación que nació con el objetivo de defender los derechos más elementales de perros y gatos, y que fabricaba alimentos para animales de compañía. Se trataba, en último término, de hacer la publicidad de alimentos para perros pero, al mismo tiempo, de reflejar que el anunciante también se preocupaba por los animales. Y pensamos que recoger una realidad tan terrible como el abandono de animales de compañía durante los meses de verano podría impresionar mucho. ¿Y por qué no usar la foto de un perro recién abandonado por sus dueños en la carretera que mira tristemente a la cámara? La campaña dio mucho que hablar. Al principio, sólo se utilizaron como soportes carteles pegados en tiendas que querían colaborar voluntariamente y que se identificaban con la idea que transmitía el anuncio.

Aquel mismo verano la campaña se amplió a vallas, que se programaron gratuitamente gracias a la colaboración de algunas compañías. Nuestro esfuerzo estratégico se había visto premiado. La mayor satisfacción fue conseguir el premio "Valla de oro" a la mejor valla del año. La temporada siguiente nuestro anuncio se estrenó en televisión. Ha sido una de las campañas más rentables que recuerdo.

(Texto adaptado de *El libro rojo de la publicidad* de Lluis Bassat)

2. CAMPAÑAS PUBLICITARIAS

A. Aquí tienes algunos de los tipos de campañas publicitarias más frecuentes. Mira estas fotos y decide a qué tipo de campaña corresponden.

- **Campañas de publicidad comparativa:** el anunciante compara su producto o servicio con la competencia. El problema es que el público puede sentir rechazo hacia estas campañas en las que se ataca mucho al adversario. En muchos países está prohibido mencionar el nombre del competidor.

- **Campañas de solución a un problema:** se basan en ofrecer un producto que soluciona un problema. Por ejemplo, si alguien tiene frecuentes dolores de cabeza, se le recomienda un medicamento. O si a una persona se le cae el pelo, se le recomienda un champú.

- **Campañas de impacto social:** campañas que generan mucha polémica, por ejemplo, las campañas que realizan las instituciones para prevenir accidentes de tráfico, con escenas muy dramáticas, que parecen absolutamente reales y que impresionan mucho al espectador... A veces, son campañas muy provocativas, con fotos en grandes vallas. El anunciante consigue que todo el mundo hable de él.

- **Campañas de intriga:** el mensaje se lanza por etapas, y hasta el final, el consumidor no sabe qué se está anunciando y puede sentirse perdido. Son campañas muy caras y no siempre consiguen buenos resultados.

- **Campañas de actitudes:** se presenta una pequeña historia alrededor de un producto. Se ofrecen anuncios que muestran actitudes ante la vida: personas que llevan una vida sana, personas originales que no se dejan influir por los demás, tipos de conductores que eligen un determinado coche...

Hemos hecho felices
a más de 55.000 niños.

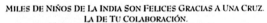

MILES DE NIÑOS DE LA INDIA SON FELICES GRACIAS A UNA CRUZ.
LA DE TU COLABORACIÓN.

Apadrina a un niño hindú. Son sólo 2.500 ptas. al mes.

Fundación Vicente Ferrer

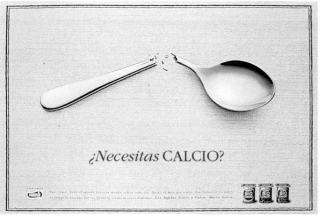

¿*Necesitas* CALCIO?

◇ El anuncio de... corresponde a una campaña de...

B. Piensa en alguna campaña publicitaria de alguna marca o producto. ¿La recuerdas por algo en especial? Explícales a tus compañeros cómo eran los anuncios o las fotos si tus compañeros no conocen la campaña o no se acuerdan de ella.

◇ Yo me acuerdo de una campaña que anunciaba...

3. REACCIONES

A. Elvira y Alfonso tienen estas opiniones sobre la publicidad. Léelas y marca tu reacción ante ellas.

ELVIRA

1. La publicidad es la mejor manera de que los consumidores estemos bien informados.

   a. Sí, claro; yo también lo creo.
   b. Bueno, depende, no siempre.
   c. ¡Qué va! Los anuncios nunca dicen toda la verdad.

2. La publicidad es una de las mayores aportaciones al arte del siglo XX. Andy Warhol es un ejemplo.

   a. Por supuesto. Sin la publicidad no se entendería el arte del siglo XX.
   b. Pues... no sé, tal vez, pero no estoy tan seguro/a.
   c. En absoluto. El arte es otra cosa.

3. Normalmente los anuncios tienen más calidad que los programas de televisión.

   a. Sí, sí, sin duda. Son mucho mejores.
   b. Yo no diría tanto... puede ser.
   c. No, en absoluto. Los espacios publicitarios son demasiado largos y muy aburridos.

4. La publicidad responde a las necesidades que tiene la sociedad.

   a. Sí, totalmente de acuerdo.
   b. Es posible.
   c. No, ¡qué va! De ninguna manera.

ALFONSO

1. La publicidad engaña a los consumidores.

   a. Sí, sin ninguna duda.
   b. Posiblemente.
   c. No, en absoluto. No estoy nada de acuerdo.

2. La publicidad no tiene nada que ver con el arte.

   a. Yo también lo veo así.
   b. Yo no diría tanto.
   c. No estoy nada de acuerdo. Por supuesto que tiene relación, y mucha.

3. Tendrían que prohibir todos los anuncios en televisión.

   a. Totalmente de acuerdo; yo también lo pienso.
   b. No, no creo que haya que ser tan radical.
   c. ¿Prohibir todos los anuncios? ¡qué va!

4. La publicidad crea en los consumidores necesidades que no existen.

   a. Desde luego. Se inventan las necesidades.
   b. Puede que sea así, pero no estoy tan seguro/a.
   c. Yo no lo veo así.

B. ¿Quién está a favor y quién en contra de la publicidad: Elvira o Alfonso? ¿Y tú, a quién te pareces más? Lee la solución para saber cuál es tu idea sobre la publicidad.

ELVIRA Mayoría de respuestas a: Eres un fanático de la publicidad. Contigo los creativos y los anunciantes no tienen problemas. Piensa que a lo mejor eres un consumidor demasiado confiado. **Mayoría de respuestas b:** La publicidad es para ti algo inevitable en nuestros días, y la aceptas con todas las consecuencias. De todas formas, sabes que seguir la publicidad a ciegas tiene sus riesgos. **Mayoría de respuestas c:** Realmente confías poco en la publicidad y no tienes muy buena opinión de ella; sin embargo, los buenos anuncios también te llegan.

ALFONSO Mayoría de respuestas a: Eres el mejor candidato para una asociación de consumidores concienciados y combativos. Para ti no hay solución intermedia. ¿Eres tan radical en todo? **Mayoría de respuestas b:** Sabes que luchar contra la publicidad es inútil, pero no te crees todo lo que la publicidad cuenta. Tienes una postura moderada, que ve ventajas e inconvenientes. **Mayoría de respuestas c:** Te gusta la publicidad y la aceptas sin problemas. Eres el tipo de público que gusta a los anunciantes. Cuidado, a veces, es bueno ser un poco más crítico.

C. ¿Y a quién se parece más toda la clase? Pregunta a tus compañeros para saber con quién están ellos más de acuerdo.

4. EL ACTA DE UNA REUNIÓN

A. Ésta es una propuesta para la nueva campaña publicitaria de una empresa. ¿Qué producto crees que quieren anunciar?

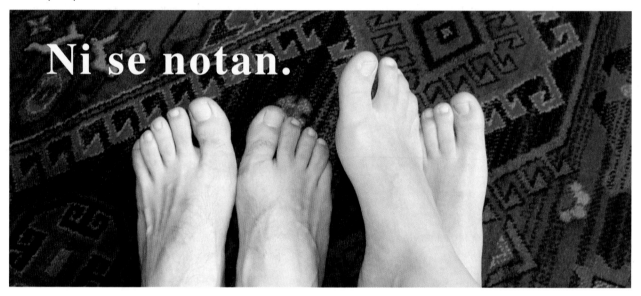

B. En la empresa han tenido una reunión. Después de la reunión, alguien ha escrito un acta pero no se ha acordado de escribir el asunto. Hazlo tú.

Presentes en la reunión: Alfonso Martín, Jorge Pena, Lupe Ruiz, Águeda Sánchez, Rosa Villa
Fecha: 12 febrero
Asunto:

Reunidos para decidir la próxima campaña publicitaria "Ni se notan", para la nueva línea de calcetines, no llegamos a un acuerdo sobre la propuesta de la agencia.

Alfonso Martín considera que la propuesta es demasiado innovadora, que rompe con la imagen de la empresa y que es muy probable que esta publicidad desconcierte a los clientes.

Por su parte, Lupe Ruiz piensa que es necesario hacer un cambio de imagen a la casa; no considera que sea malo ofrecer un aspecto nuevo porque, según dice, a lo mejor con una nueva imagen podemos atraer a un público más amplio.

Rosa Villa defiende esta idea; está segura de que la campaña va a funcionar perfectamente y que conseguirá los objetivos que nos hemos marcado.

Águeda Sánchez opina que es un cambio muy radical de imagen y que tal vez los consumidores no entiendan el anuncio. Propone hacer un pequeño sondeo entre algunos clientes.

A Jorge Pena no le parece que sea una propuesta tan original. Señala que puede que la competencia lance una campaña más fuerte que la nuestra. Sugiere encargar el proyecto a otra agencia antes de tomar una decisión al respecto.

Habrá una nueva reunión con Gerencia dentro de dos semanas.

C. Vuelve a leer el texto. ¿Cuál es la opinión de la gente de la empresa? Completa el cuadro.

Persona	Opiniones	Consecuencias posibles
Alfonso Martín	*La idea es demasiado innovadora.*	*Es probable que desconcierte a los clientes*
Lupe Ruiz		
Rosa Villa		
Águeda Sánchez		
Jorge Pena		

D. ¿Y a ti?, ¿qué motivo o imagen te llamaría más la atención en una campaña para vender más calcetines? ¿Se te ocurre alguna idea? Coméntalo con tus compañeros.

 ◇ A mí me parecería divertido incluir fotos de niños con zapatos de adultos y los calcetines...

5. HIPÓTESIS

A. Mira los dibujos. ¿Qué crees que pasa en cada situación? Coméntalo con tu compañero.

 ◇ Aquí están repartiendo propaganda, ¿no?

B. ¿A cuáles de las situaciones anteriores corresponden las siguientes frases?

1. Será el mensajero.

2. ¡Qué raro! ¿Qué le habrá pasado?

3. A lo mejor están rodando un anuncio para la tele.

4. Puede que acabemos de repartir antes de las cinco...

 C. Ahora escucha y comprueba.

6. UNA CAMPAÑA

A. Trabajáis en Paquetes S.A., una empresa de mensajería rápida para particulares y empresas, que tiene tres sucursales en todo el país. Tenéis un presupuesto de 60 000 euros para la próxima campaña publicitaria. En grupos, examinad el cuadro con las tarifas y, después, decidid qué soportes vais a utilizar y cuánto dinero vais a destinar a cada uno.

SOPORTE	CARACTERÍSTICAS	TARIFAS
DIARIOS NACIONALES	Gran cobertura. Reproducción de imágenes pobre. Limitación del uso del color.	1 página blanco y negro 12 000 -15 000 €
DIARIOS REGIONALES	Soportes adecuados para empresas que operan en sus zonas geográficas de influencia.	1 página color 2500 - 5000 €
SEMANARIOS DE INFORMACIÓN GENERAL	El perfil de sus lectores y la buena reproducción del color tienen un gran interés publicitario.	1 página color 9000 - 12 000 €
REVISTAS DE INFORMACIÓN ECONÓMICA	Lectores de alto poder adquisitivo. Soportes adecuados para productos de empresa: productos bancarios, seguros, telefonía, software…	1 página color 5500 - 6500 €
RADIO DE DIFUSIÓN NACIONAL	Buen apoyo para acciones puntuales. Falta de atractivo visual.	1 cuña de 10" 1500 - 2000 € 1 cuña de 15" 2500 - 3000 €
TELEVISIÓN DE ÁMBITO ESTATAL	Respuesta inmediata del público. Demostración visual del producto. Coste muy superior a otros medios.	Spot de 20" sobremesa 30 000 - 60 000 € Spot de 20" máxima audiencia 40 000 - 80 000 €
VALLAS	Difíciles de contratar en los lugares de mayor preferencia porque hay mucha demanda. Es un soporte espectacular. Se considera un canal barato con fuerte impacto.	30 vallas, 14 días, 1 ciudad y su área 15 000 €
BANNER	Permite conocer en tiempo real el número de "clics" que se hacen sobre el banner, y cambiar de estrategia sobre la marcha si no se obtienen los resultados perseguidos.	1000 apariciones del banner en pantalla 27 €

SOPORTES	EUROS
DIARIOS NACIONALES	
DIARIOS REGIONALES	
SEMANARIOS DE INFORMACIÓN GENERAL	
REVISTAS DE INFORMACIÓN ECONÓMICA	
RADIO DE DIFUSIÓN NACIONAL	
TELEVISIÓN DE ÁMBITO ESTATAL	
VALLAS	
BANNER	
TOTAL	

◇ En mi opinión, hay que insertar anuncios en...

B. Explicad al resto de la clase vuestra propuesta.

◇ Nosotros hemos decidido invertir en... porque opinamos que es un buen soporte y estamos seguros de que...

7. CUÑAS DE RADIO

 A. Vas a escuchar el principio de cinco cuñas de radio. Toma nota de los productos que crees que se anuncian y coméntalo después con tu compañero.

1. _____

2. _____

3. _____

4. _____

5. _____

 ◊ La primera cuña puede que anuncie...
★ Sí, es posible...

 B. Escucha otra vez y comprueba.

C. En grupos, pensad en un producto y escribid el texto de una cuña publicitaria para promocionarlo. Pensad también en el tipo de música que elegiríais.

8. TENDENCIAS

A. Tal vez las tendencias publicitarias cambiarán en el futuro. ¿Tú qué opinas? Marca en el cuadro tu opinión sobre las siguientes tendencias y coméntalo con tu compañero.

TENDENCIA	SÍ	NO	RAZONES
1. La publicidad de tabaco y alcohol estará totalmente prohibida en todos los países.			
2. No se permitirá anunciar productos que adelgacen.			
3. Las campañas dirigidas a las personas de la tercera edad disminuirán.			
4. Las mujeres seguirán siendo las protagonistas de muchos anuncios de productos para el hogar.			
5. Los juguetes bélicos tendrán más presencia en la publicidad que ahora.			
6. La publicidad en la televisión dejará de existir.			
7. Los hombres seguirán siendo los protagonistas de los anuncios de coches de lujo.			
8. No habrá publicidad en los periódicos ni en las revistas.			

 ◊ No creo que se prohíba totalmente la publicidad de tabaco y alcohol...
★ Pues yo creo que se prohibirá totalmente en todo el mundo...

 B. Escucha un fragmento de la entrevista que le hacen a David Guzmán, profesor de publicidad, y comprueba si sus opiniones coinciden con las tuyas.

9. ¿DÓNDE ESTARÁ? ¿QUÉ LE HABRÁ PASADO?

A. Imagina que hoy no has venido a clase. Piensa en qué ha pasado, dónde estás o qué estás haciendo. Escríbelo en un papel junto con tu nombre y entrega el papel a tu profesor.

B. Tu profesor va a escoger, de uno en uno, los papeles que le habéis entregado. Si dice tu nombre, tendrás que salir de clase. Entre todos tenéis que hacer hipótesis para averiguar por qué no está vuestro compañero. El profesor confirmará vuestras hipótesis. Gana quien descubra a más compañeros.

```
◇ Estará durmiendo...
★ No.
○ Habrá perdido el tren.
★ Sí.
```

10. ¿Y TÚ QUÉ OPINAS?

Aquí tienes las opiniones de algunos consumidores sobre la publicidad. Lee a tu compañero aquellas con las que realmente te identifiques. ¿Está de acuerdo contigo?

☐ El buzoneo no sirve para nada. Nadie lee lo que se encuentra en el buzón de su casa.

☐ En mi opinión, la publicidad es cada vez mejor y más interesante.

☐ Me parece que los productos de marcas conocidas que salen en televisión son mejores que los que no se anuncian.

☐ A mí me parece escandaloso que los anuncios impongan unos modelos de belleza que no tienen nada que ver con la realidad.

☐ Considero que actualmente hay demasiado sexo implícito en la publicidad.

☐ Estoy seguro de que en algún momento todos hemos comprado cosas porque las hemos visto anunciadas en televisión.

☐ Me da la impresión de que los publicitarios ya no saben qué hacer para atraer al público y por eso cada vez más asocian productos o servicios a obras humanitarias.

☐ Tal vez cuando una marca se anuncia mucho es porque no se vende bien.

```
◇ Yo creo que el buzoneo no sirve para nada. Nadie lee lo que se encuentra en
  el buzón de su casa.
★ Hombre, no sé, puede ser pero...
```

T **UNA CAMPAÑA DE INTRIGA**

A. Observa el cartel que ha aparecido en numerosos lugares del centro de la ciudad en la que vives. En grupos, haced hipótesis sobre la empresa y el producto o servicio que puede promocionar.

UN MUNDO SIN FRONTERAS

◇ A lo mejor es un anuncio de una agencia de viajes.
★ Quizás es un eslogan de una publicidad para...

B. Escucha a la jefa de Marketing de la empresa anunciante y rellena la ficha siguiente.

Nombre de la empresa _____

Producto que anuncia _____

Tipo de público _____

C. La dirección de la escuela en la que estudiáis quiere promocionar los cursos de español pero tienen un presupuesto muy reducido. Os han pedido ideas para una campaña publicitaria. Decidid, en grupos, cómo podría ser. Para ello, primero, completad la ficha.

Eslogan y texto	
Imagen (fotos o dibujos)	
Lugares donde se va a promocionar la escuela	
Soportes publicitarios	
Público	
Cursos que se ofrecen	

D. Explicad vuestro proyecto al resto de la clase y, entre todos, decidid cuál es la mejor propuesta para conseguir el mayor número de alumnos.

GRAMÁTICA

Futuro compuesto

Verbo haber en futuro + participio

habré
habrás
habrá   llamado
habremos   +   tenido
habréis   salido
habrán

¡Qué raro! ¿Qué le **habrá** pasado?

Expresar hipótesis y probabilidad

Expresar hipótesis sobre el pasado
○ **Habrá perdido** el tren.

Habrá tenido algún problema en la carretera.

Expresar hipótesis o probabilidad con Futuro de Indicativo
Será el mensajero.

◇ **Estará** durmiendo...

Seguramente **habrá** cada vez más control por parte de asociaciones de consumidores.

Posiblemente los anunciantes **buscarán** otros canales.

Con otros tiempos de Indicativo*
Seguro que es el coche que **está** buscando.

A lo mejor con una nueva imagen **podemos** atraer a un público más amplio.

Tal vez/Quizás cuando una marca se anuncia mucho **es** porque no se vende bien.

Expresar hipótesis y probabilidad con Subjuntivo*
Tal vez/Quizás los consumidores no **entiendan** el anuncio.

Puede que acabemos de repartir antes de las cinco...

Es muy **probable que** esta publicidad **desconcierte** a los clientes.

Es posible que (usted) **quiera** más prestaciones.

* En general, se expresa mayor probabilidad con Indicativo que con Subjuntivo.

Ofrecer la propia opinión

Con Indicativo
En mi opinión, la publicidad **es** cada vez mejor...

Alfonso **considera que** la propuesta **es** demasiado innovadora.

Lupe Ruiz **piensa que es** necesario hacer un cambio de imagen a la casa.

(Nosotros) **opinamos que es** un buen soporte.

Está segura de que la campaña **va** a funcionar.

Me parece que los productos de marcas conocidas que salen en televisión **son** mejores que los que no se anuncian.

Me da la impresión de que los publicitarios ya no saben qué hacer para atraer al público...

⬦ Yo creo que el buzoneo no sirve para nada.

Con Subjuntivo

A Jorge Pena no le parece que sea una propuesta tan original.

⬦ No creo que se prohíba totalmente la publicidad de tabaco...

Lupe no considera/opina/piensa que sea malo ofrecer un aspecto nuevo...

Reaccionar ante opiniones ajenas

Manifestar acuerdo

(Sí,) (estoy) totalmente de acuerdo.
(Sí,) yo también lo veo así.
(Sí,) yo también lo pienso/creo.
(Sí,) por supuesto.
(Sí,) desde luego (que sí).
(Sí,) sin (ninguna) duda.
(Sí), claro.

Manifestar dudas

(Sí,) puede ser...
(Sí,) posiblemente...
(Bueno,) depende, no siempre...
No sé, tal vez...
(Sí,) es posible...
(Yo) no diría tanto...
(Yo) no estoy tan seguro...

Manifestar desacuerdo

(Pues yo) no lo veo así.
(Yo) no estoy (muy) de acuerdo (contigo/con ella).
(Yo) no estoy (nada) de acuerdo.
(No,) ¡qué va!
(No,) en absoluto.
(No,) por supuesto que no.
(No,) desde luego que no.
(No,) de ninguna manera.

10

Seguros

1. TIPOS DE SEGUROS

A. Una empresa de seguros ha ido a tu escuela para promocionar sus productos. Te ofrecen un seguro gratuito durante un año, pero con una condición: tienes que ponerte de acuerdo con tu compañero para elegir el mismo.

—ASEGUR S.A.—

1. SEGURO DE ASISTENCIA SANITARIA: disfrute de la más completa asistencia médica, quirúrgica y hospitalaria con ASEGURSALUD.

- Con libre elección de médico.
- Sin listas de espera.
- Con habitación individual en clínicas y hospitales.
- Sin límites de edad.
- Con servicio telefónico de asistencia médica.
- Con asistencia sanitaria en cualquier lugar del país o incluso en el extranjero.
- Con atención domiciliaria.

2. SEGURO DE AUTOMÓVIL: contrate un seguro para su automóvil a su medida, ASEGURAUTO. Además del Seguro de Responsabilidad Civil Obligatoria, usted puede escoger:

- Seguro a TERCEROS.
- Seguro a TODO RIESGO.
- Responsabilidad civil ilimitada.
- Defensa jurídica.
- Asistencia en viaje.
- Seguro de accidentes para los ocupantes.
- Daños sufridos por el vehículo asegurado.

3. SEGURO DE VIDA: para garantizar a su familia lo que necesita para vivir con tranquilidad, le ofrecemos ASEGURVIDA, un seguro de vida diseñado especialmente para Ud. y los suyos. Para que, si usted falta, a ellos no les falte nada. ASEGURVIDA es compatible con cualquier otro seguro y le ofrece las mejores coberturas del mercado:

- A partir de 250 000 € en caso de fallecimiento o invalidez absoluta.
- A partir de 500 000 € por fallecimiento o invalidez absoluta en caso de accidente.

4. SEGURO MULTIRRIESGO DEL HOGAR: disfrute de las mejores coberturas en seguros para el hogar, ASEGURCASA.

- Le pagamos los daños que se puedan producir en caso de incendio, tanto en la vivienda como en los muebles.
- Le pagamos el alquiler de otra vivienda, si lo necesita.
- Y los daños en caso de robo dentro o fuera del hogar.
- Y las posibles inundaciones, así como los gastos derivados de la búsqueda y localización de averías.
- Y respondemos por los daños producidos a vecinos.

En ASEGUR le enviamos a nuestros técnicos para que no tenga que preocuparse de nada. Asistencia 24 horas, 365 días al año.

5. SEGURO DE VIAJE: disfrute de sus vacaciones con ASEGURVIAJES, el seguro que le permitirá recorrer el mundo con una amplísima cobertura.

- Una asistencia total en caso de enfermedad o accidente durante el viaje, para usted y los suyos.
- Nuestras garantías le permitirán pasar sus vacaciones tranquilo.
- Olvídese de los retrasos y de los problemas con el equipaje.

6. SEGURO DE RESPONSABILIDAD CIVIL: no sólo significa calidad de vida para usted y su familia, sino también para los que le rodean. ASEGURCIVIL le garantiza el pago de las indemnizaciones como consecuencia de:

- Daños corporales causados a terceras personas.
- Daños materiales a bienes de terceros.

Le ofrecemos:
- Responsabilidad Civil Familiar. En su actuación como cabeza de familia y como responsable de las personas que dependen legalmente de usted, en el ámbito de su vida privada.
- Responsabilidad Civil de Animales domésticos. Como dueño de animales domésticos.
- Responsabilidad Civil de Inmuebles. Como propietario o inquilino.

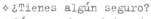

◇ ¿Tienes algún seguro?
★ Sí, uno de asistencia sanitaria.
◇ ¿Y te interesa alguno de los que nos ofrecen?
★ La verdad es que cualquiera de estos me iría bien, menos...

B. Explicad al resto de la clase qué seguro habéis elegido y por qué.

◇ Nosotros hemos elegido..., porque...

2. RECADOS

A. Simón Melero trabaja en un gabinete de abogados. Como hoy no está en la oficina, su ayudante ha tomado nota de las llamadas. Escucha y escribe el número que corresponda.

Ha llamado Paco: dice que no puede llegar a la reunión porque ha tenido un pequeño accidente con el coche (nada grave). Te pide que le envíes por fax las condiciones de los seguros. Te llamará.

Ha llamado tu madre para felicitarte. Dice que no te olvides de llamar a tu hermano por lo del seguro.

Ha llamado Miguel Campos: quería saber si están ya preparados los contratos. Le gustaría tener una reunión lo antes posible

Ha llamado Fina: que "Felicidades" y que le gustaría invitaros a cenar el sábado; que la llaméis para quedar.

Ha llamado Mónica Ferrero, la abogada de Almacenes Modernos, quería informarte de la valoración de los daños del incendio en Almacenes Modernos y quiere que le aclares algunas cantidades de las indemnizaciones. Ha dicho que llamará la próxima semana.

Ha llamado Maite: quiere que la llames a primera hora porque hay algunos problemas con la documentación del incendio en Almacenes Modernos. Faltan algunos datos.
Tel: 908 40 03 23

B. Escucha otra vez y señala el motivo de las llamadas. Después, coméntalo con tu compañero.

Ha llamado:

su madre   → recordarle algo
Maite
Mónica Ferrero
Miguel Campos
Paco
Fina

para...
recordarle algo
felicitarlo
pedirle algo
invitarlo a cenar
preguntarle algo
fijar una reunión
informarle
avisarlo de algo

◇ Su madre ha llamado para recordarle...
★ Sí, y también para...

C. Y tú, ¿sueles dejar recados en los contestadores automáticos? ¿En qué ocasiones? Coméntalo con tu compañero.

◇ Si quiero felicitar a alguien y no está...

3. ME ASEGURARON QUE...

A. Ana ha llegado tarde al trabajo porque ha ido a la compañía de seguros. Escucha la conversación que ha tenido con una compañera de trabajo y decide cuál de las siguientes frases la resume mejor.

1 Está furiosa. La compañía de seguros le ha dicho que no cubre los daños porque los provocó ella: se dejó abierto un grifo.

2 Está tranquila porque el perito, en su informe, le ha asegurado que la compañía va a cubrir todos los daños.

3 Está enfadada porque hace dos semanas hubo una inundación en su casa y el perito de la compañía de seguros todavía no ha ido a evaluar los daños.

B. ¿Quién dice estas frases, Ana o Luisa?

	ANA	LUISA
1. Me han dicho que tienes problemas con la compañía de seguros.		
2. La póliza no dice nada sobre lo que te pasó a ti, que no cerraste el grifo.		
3. En el contrato no pone nada sobre qué pasa cuando el asegurado no cierra un grifo.		
4. Me dijeron que el seguro me pagaría las reparaciones en caso de inundación o de incendio.		
5. Ahora me dicen que yo soy la responsable y que por eso el seguro no cubre los daños.		
6. Me aseguraron que todo estaba cubierto.		
7. Aquí pone que se pagará en caso de posibles daños...		
8. Les dije la verdad, que me había dejado el grifo del lavabo abierto...		

C. Escucha y comprueba. Aquí tienes algunas de las condiciones que Ana suscribió con la compañía aseguradora. ¿A quién le darías tú la razón? ¿Por qué? Coméntalo con tu compañero.

12) Reembolso de los daños causados por el agua, gas o electricidad.
En caso de daños producidos en el domicilio habitual del asegurado/a, que estén causados por agua, gas o electricidad, el asegurador pagará las reparaciones en el plazo máximo de un mes.
13) Búsqueda, localización y reparación de averías.
La compañía aseguradora se hará cargo de los gastos causados por la búsqueda y localización de averías y se responsabilizará de las reparaciones que correspondan.
14) Responsabilidad civil.
La entidad aseguradora responderá de los daños producidos a vecinos por las causas establecidas en el artículo 12.
15) Responsabilidades del asegurado/a.
La compañía aseguradora no se responsabilizará, en ningún caso, de los daños que...

◇ Yo le daría la razón a Ana porque...
★ Pues no lo veo tan claro. En el contrato pone que...

4. LO QUE SE DIJO EN LA REUNIÓN

A. En Vita Seguros tuvieron una reunión la semana pasada. Ésta es el acta de la reunión. ¿Qué tema trataron? ¿Llegaron a algún acuerdo?

Vita Seguros

Reunidos: director general, directora financiera, director de Marketing, director del Dpto. del Automóvil y la directora del Dpto. de Asesoría Jurídica.
Asunto: intercambio de información con otras compañías del ramo.
Fecha: 5 de septiembre de 2000

Reunidos para discutir una propuesta del comité de dirección sobre el posible intercambio de información con otras compañías del ramo sobre asegurados conflictivos, se enumeran las distintas opiniones.

Alex Martínez, director del Dpto. de Marketing, se muestra contrario a la propuesta. Considera que somos la compañía líder y que la medida puede favorecer a nuestros competidores.

Amparo Silva, directora financiera, recalca que somos la compañía con menos siniestros y advierte de que podríamos perder esa posición si no disponemos de datos que puede tener la competencia.

Manuel Ibarra, director general, encarga a Asesoría Jurídica el tema de la agencia oficial de protección de datos y pide un informe al Dpto. de Marketing sobre la opinión de otras compañías.

Ramón Aguirre, director del Dpto. del Automóvil, propone que el intercambio de información se haga sólo con empresas regionales.

Julia Morán, directora del Dpto. de Asesoría Jurídica, recomienda prudencia porque el intercambio de información puede ser ilegal. Aconseja consultar con la agencia oficial de protección de datos.

Se convoca una reunión para la próxima semana.

B. Lee el texto otra vez, identifica a las personas y decide quién dijo qué. Coméntalo con tu compañero.

"Creo que debemos tener mucho cuidado porque el intercambio de datos, en principio confidenciales, puede ir contra la ley de protección de datos personales. Lo mejor sería, antes de adoptar una decisión, consultar con la agencia oficial de protección de datos para estar más tranquilos".
Nombre:

"¿Y por qué no hacemos intercambio de información sólo con empresas regionales? En realidad, a nosotros no nos va a afectar el crecimiento de las pequeñas empresas. Nuestros competidores son las grandes multinacionales, los demás no tienen por qué quitarnos el sueño".
Nombre:

"Yo no soy partidario de eso. Vita Seguros es la compañía líder en el mercado y si damos información a nuestros competidores, ellos van a salir favorecidos y nosotros, perjudicados. Cuanta menos información tengan sobre nuestros clientes, mejor".
Nombre:

"Sí, pero no debemos olvidar que el año pasado tuvimos el porcentaje de siniestros más bajo del sector. Y quiero que quede una cosa muy clara: sólo podremos mantener nuestra posición si tenemos acceso a la información que nos pueden facilitar nuestros competidores".
Nombre:

 ◇ Esto lo dijo...

C. Y ahora, ¿qué dijo el director general? Escribe lo que crees que dijo exactamente.

| Nombre: | Manuel Ibarra |

D. En grupos. ¿Qué opináis del intercambio de datos personales entre compañías de seguros u otro tipo de empresas? ¿Se hace en vuestro país?

 ◇ La verdad es que no sé si se hace..., a mí me parece que...

5. SEGUROS

A. ¿Qué tipo de seguros cubrirían los siguientes casos? Coméntalo con tu compañero.

1. Tu maleta llega rota al aeropuerto.

2. Tienes un accidente esquiando.

3. Tienes problemas con la instalación del agua y se inunda el piso de tu vecino.

4. Quieres hacerte una revisión médica.

5. Tienes una avería de coche yendo a trabajar.

6. Han entrado en tu casa y se han llevado tu ordenador.

7. Tu perro ha mordido a una persona en la calle.

8. Te roban el bolso en una ciudad donde estás de vacaciones.

SEGURO DE ASISTENCIA SANITARIA

SEGURO DE AUTOMÓVIL

SEGURO DE VIDA

SEGURO MULTIRRIESGO DE HOGAR

SEGURO DE VACACIONES

SEGURO DE RESPONSABILIDAD CIVIL

 ◇ Una maleta rota la cubre un seguro...

B. ¿Has estado alguna vez en alguna de las situaciones anteriores? ¿Tenías algún seguro? Coméntalo con tu compañero.

 ◇ Yo no he estado nunca en ninguna de esas situaciones.
★ Yo sí. Me han perdido las maletas varias veces...

6. MENSAJES

A. Varias personas llaman a una compañía de seguros. Escucha y escribe el nombre de la persona que llama en cada caso.

2

MENSAJE

Sr. _____

De: _____
Para: _____

Mensaje: _____
_____
_____
_____
_____

1

MENSAJE

Sr. _____

De: _____
Para: _____

Mensaje: _____
_____
_____
_____

MENSAJE

Sr. _____

De: _____
Para: _____

Mensaje: _____
_____
_____
_____
_____

B. Escucha otra vez los mensajes. Escribe el nombre de la persona o del departamento por el que preguntan.

C. Ahora escucha y redacta las notas para pasarlas al departamento o a la persona que corresponda.

7. SEÑALES DE VIDA

A. En parejas.

Alumno A

Has recibido un correo electrónico de una colega que está trabajando en Buenos Aires. Léelo y coméntalo con tu compañero. Él ha recibido otro de la misma persona.

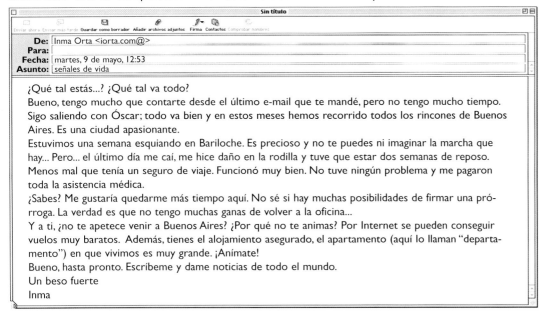

De: Inma Orta <iorta.com@>
Para:
Fecha: martes, 9 de mayo, 12:53
Asunto: señales de vida

¿Qué tal estás...? ¿Qué tal va todo?
Bueno, tengo mucho que contarte desde el último e-mail que te mandé, pero no tengo mucho tiempo.
Sigo saliendo con Óscar; todo va bien y en estos meses hemos recorrido todos los rincones de Buenos Aires. Es una ciudad apasionante.
Estuvimos una semana esquiando en Bariloche. Es precioso y no te puedes ni imaginar la marcha que hay... Pero... el último día me caí, me hice daño en la rodilla y tuve que estar dos semanas de reposo. Menos mal que tenía un seguro de viaje. Funcionó muy bien. No tuve ningún problema y me pagaron toda la asistencia médica.
¿Sabes? Me gustaría quedarme más tiempo aquí. No sé si hay muchas posibilidades de firmar una prórroga. La verdad es que no tengo muchas ganas de volver a la oficina...
Y a ti, ¿no te apetece venir a Buenos Aires? ¿Por qué no te animas? Por Internet se pueden conseguir vuelos muy baratos. Además, tienes el alojamiento asegurado, el apartamento (aquí lo llaman "departamento") en que vivimos es muy grande. ¡Anímate!
Bueno, hasta pronto. Escríbeme y dame noticias de todo el mundo.
Un beso fuerte
Inma

Alumno B

Has recibido un correo electrónico de una colega que está trabajando en Buenos Aires. Léelo y coméntalo con tu compañero. Él ha recibido otro de la misma persona.

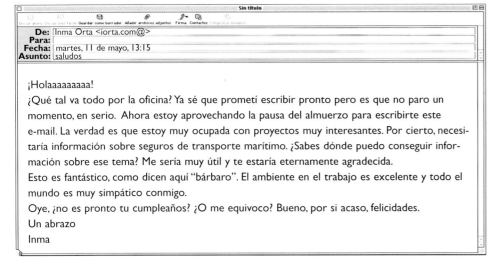

De: Inma Orta <iorta.com@>
Para:
Fecha: martes, 11 de mayo, 13:15
Asunto: saludos

¡Holaaaaaaaaaa!
¿Qué tal va todo por la oficina? Ya sé que prometí escribir pronto pero es que no paro un momento, en serio. Ahora estoy aprovechando la pausa del almuerzo para escribirte este e-mail. La verdad es que estoy muy ocupada con proyectos muy interesantes. Por cierto, necesitaría información sobre seguros de transporte marítimo. ¿Sabes dónde puedo conseguir información sobre ese tema? Me sería muy útil y te estaría eternamente agradecida.
Esto es fantástico, como dicen aquí "bárbaro". El ambiente en el trabajo es excelente y todo el mundo es muy simpático conmigo.
Oye, ¿no es pronto tu cumpleaños? ¿O me equivoco? Bueno, por si acaso, felicidades.
Un abrazo
Inma

◇ ¿Sabes? He recibido un correo electrónico de Inma y me cuenta que trabaja mucho...
★ Pues yo también he recibido uno.

B. ¿Y tú? ¿Tienes algún amigo que ahora mismo esté lejos de aquí? ¿Por qué no le escribes un correo electrónico contándole las cosas que te han pasado últimamente a ti o a tus amigos?

8. DISTINTOS PERFILES, DISTINTAS TARIFAS

A. ¿Cuántas personas hay en la clase que tengan coche? ¿Cómo son las condiciones de su seguro?

◇ Mi seguro es muy caro pero es que lo cubre todo.
★ Pues yo pago muy poco porque...

B. Este texto trata sobre la variedad de condiciones que suelen ofrecer las aseguradoras a los conductores. Completa el cuadro con las penalizaciones y con las bonificaciones que las compañías ofrecen.

LOS "BUENOS" Y LOS "MALOS"

Una de las formas utilizadas por las aseguradoras para calcular la prima o la tarifa que se tiene que pagar en los seguros de automóvil es el historial del conductor del vehículo asegurado. Es decir, si el asegurado ha estado implicado en muchos accidentes, y la compañía ha tenido que indemnizarlo, el asegurado tendrá que pagar una tarifa más alta que el que no ha tenido nunca ningún problema y, por lo tanto, no ha ocasionado gastos a la aseguradora. Cuantos más accidentes, más penalización, más dinero que pagar. Por el contrario, los asegurados que no han tenido ningún accidente, además de una tarifa más barata, normalmente pueden beneficiarse de descuentos.

En general, el factor más importante en la elaboración de la tarifa es el perfil del conductor. El asegurado ideal es una persona de 40 años con 15 años de permiso de conducir. A este asegurado ideal no se le aplican ni descuentos ni recargos.

Cuando se trata de asegurados jóvenes las cosas cambian y las primas aumentan de forma notable. Algunas compañías, directamente, no aseguran a los menores de 25 años o a los que han obtenido el carné de conducir hace menos de dos años. Y si además el modelo de coche que se quiere asegurar es un modelo considerado deportivo, las cuotas aumentan muchísimo. Incluso hay muchas compañías que no aseguran a un conductor con menos de cinco años de experiencia.

No obstante, muchas entidades también solicitan datos que pueden suponer descuentos. Entre los criterios que se tienen en cuenta para aplicar los descuentos están los siguientes: ser mujer, tener garaje o recorrer habitualmente pocos kilómetros con el coche. Y, lo que puede sorprender: los hombres de entre 25 y 34 años pagan menos si están casados.

(Adaptado de José A. Almoguera en "Actualidad Económica Española".)

Criterios que penalizan al conductor	Criterios para aplicar bonificaciones
Haber tenido un accidente	

C. ¿Crees que los criterios anteriores son justos? Coméntalo con tu compañero.

◇ A mí me parece muy mal que las aseguradoras penalicen a...

UNA INDEMNIZACIÓN

A. Un oyente llama al programa de radio "Usted juzga", un consultorio jurídico, y expone su caso a un experto. Escucha la llamada. ¿Cuál es el motivo de la consulta?

B. Éstas son las notas de Paula Merino, la abogada del programa "Usted juzga". Completa los datos que faltan.

> *Jaime Claver realizó el viaje hace .... semanas.*
>
> *La compañía aérea le ha pagado .... euros.*
>
> *La compañía de seguros le ofrece .... euros más.*
>
> *Jaime Claver quiere que la compañía le pague .... euros.*
>
> *Asegura que la póliza le garantiza una indemnización de .... euros.*

C. Éstas son las condiciones del seguro de viaje que contrató Jaime Claver. ¿Coinciden con lo que él explicó en el programa de radio? Coméntalo con tus compañeros.

CONTRATO DE ASISTENCIA EN VIAJE - CONDICIONES GENERALES
Este documento contiene la definición de todas las cláusulas, prestaciones y exclusiones que afectan a los distintos productos ofrecidos.

G. SEGURO DE EQUIPAJE
Artículo 14. Prestaciones cubiertas. Excepciones.
El presente contrato cubre la pérdida, robo y cualquier daño ocasionado al equipaje del asegurado, desde que cruza la aduana o sube al avión, al tren o al barco para iniciar el viaje, hasta que cruza la aduana o sube al avión, tren o barco para regresar al lugar de origen. Quedan expresamente excluidos del seguro los animales, joyas, armas de cualquier clase, documentos legales o profesionales, dinero en metálico, acciones, así como gafas y lentes de contacto.
Artículo 15. Responsabilidad en el pago.
Cuando la compañía de transporte sea la causante de los daños o la pérdida del equipaje, la compañía de seguros actuará como asegurador secundario (previa presentación de la reclamación a la compañía de transporte).
Artículo 16. Procedimiento y plazo para reclamar.
Para reclamar las indemnizaciones por los objetos dañados, perdidos o robados, será necesario rellenar el impreso de reclamación y presentar el comprobante de compra del objeto, la reclamación hecha a la compañía de transporte, el billete de avión, tren o transporte, y la denuncia hecha a la policía, cuando proceda. El plazo para reclamar es de dos semanas a partir del robo, pérdida o daño del objeto.
Artículo 17. Valoración de los objetos e indemnizaciones.
Para valorar los objetos asegurados, se tendrá en cuenta el precio de compra establecido en el comprobante de compra. En ningún caso se devolverá el total del precio pagado. La valoración la realizará un perito cualificado, quien establecerá el valor en función de la antigüedad del objeto. Las indemnizaciones se efectuarán de acuerdo con la siguiente escala:
En caso de robo: hasta 3000 euros.
En caso de pérdida: hasta 2000 euros.
En caso de daños: hasta 1500 euros.

 ◇ En el programa ha dicho que el seguro cubría... y resulta que en la póliza pone que...

D. ¿Es justo lo que pide Jaime Claver? Explicad al resto de la clase la conclusión a la que habéis llegado. ¿Os ha pasado a vosotros algo parecido?

GRAMÁTICA

Transmitir una información

Dice que no puede llegar a la reunión...

Ha dicho que llamará la próxima semana.

Ha llamado Fina: **que** "Felicidades" y **que** le gustaría invitaros a cenar el sábado.

◇ ... **me cuenta que** trabaja mucho...

Transmitir una petición o un deseo

quiere/n
pide/n **que + Presente de Subjuntivo**

Quiere que le **aclares** algunas cantidades de las indemnizaciones.

Te **pide que** le **envíes** por fax las condiciones de los seguros.

Le/s gustaría + Infinitivo
Le gustaría tener una reunión lo antes posible.

Reclamar

me dijeron
me aseguraron **que + Condicional**
P. Imperfecto de Indicativo

Me dijeron que el seguro me **pagaría** las reparaciones en caso de inundación o de incendio.

Me aseguraron que todo **estaba** cubierto.

Resumir una intención

"Yo creo que debemos tener mucho cuidado porque el intercambio de datos, en principio confidenciales, puede ir contra la ley de protección de datos personales".

Julia Morán **recomienda** prudencia porque el intercambio de datos puede ser ilegal.

"¿Y por qué no hacemos intercambio de información sólo con empresas regionales?"

Ramón Aguirre **propone que** el intercambio de información se haga sólo con empresas regionales...

"Sí, pero no debemos olvidar que el año pasado tuvimos el porcentaje de siniestros más bajo del sector. Y quiero que quede una cosa muy clara: sólo podremos mantener nuestra posición si tenemos acceso a la información que nos pueden facilitar nuestros competidores".

Amparo Silva **recalca que** somos la compañía con menos siniestros y **advierte de que** podríamos perder esa posición si no disponemos de datos que puede tener la competencia.

Referirse a un texto

La póliza no **dice** nada sobre lo que te pasó a ti...

En el contrato no **pone** nada sobre qué pasa cuando el asegurado no cierra un grifo.

Llamaba para informarme sobre seguros para...

Mire, **es que** he tenido una inundación en casa...

Resulta que hace tres semanas volví de viaje...

Pues mira, **quería** informarme sobre el tema de los seguros de viaje...

Juzgar

me parece bien/mal que + Presente de Subjuntivo
⬦ A mí **me parece** (muy) **mal que** las aseguradoras **penalicen** a...

Introducir un comentario

Por cierto, necesitaría información sobre seguros de transporte marítimo.

Añadir una información

Con asistencia sanitaria en cualquier lugar del país o **incluso** en el extranjero.

... se pueden conseguir vuelos muy baratos. **Además,** tienes el alojamiento asegurado...

Comparar cantidades proporcionales

cuanto/a/s más/menos..., más/menos...
Cuantos más accidentes, **más** penalización...

cuanto/a/s más/menos..., mejor/peor.
Cuanta menos información tengan sobre nuestros clientes, **mejor**.

Hablar de cantidades indeterminadas

nada
No te van a pagar **nada** porque la póliza **no** dice **nada** sobre...

algo
Tendrían que pagarme **algo**.

algún/a/os/as + sustantivo
⬦ ¿Tienes **algún** seguro?

alguno/a/os/as + de + sustantivo
⬦ ¿Y te interesa **alguno de** los que nos ofrecen?

ningún/a + sustantivo
No tuve **ningún** problema.

ninguno/a + de + sustantivo
⬦ Yo no he estado nunca en **ninguna de** esas situaciones.

cualquier + nombre
ASEGURVIDA es compatible con **cualquier** otro seguro.

cualquiera + de + nombre
★ La verdad es que **cualquiera de** estos me iría bien, menos...

Presentaciones y conferencias

1. MATERIAL DE APOYO

A. ¿Has hablado alguna vez en público? ¿En qué situación? Coméntalo con tu compañero.

◇ Yo nunca he hablado en público; creo que me pondría muy nervioso.
★ Yo sí, muchas veces. He presentado trabajos en...

B. Si tienes que hablar ante la clase o ante los compañeros de tu empresa, ¿con qué material crees que te puedes sentir más cómodo? ¿Cuál preferirías no utilizar?

una pantalla
una pizarra
un retroproyector
una transparencia
un micrófono
un casete
un proyector de diapositivas
fotocopias
un vídeo

◇ Con lo que más cómodo me siento es con... y preferiría no tener que utilizar... porque...

2. BUENOS DÍAS A TODOS

A. Vas a escuchar el principio de varias presentaciones. ¿A qué situación corresponde cada una?

[ ] una clase   [ ] una presentación de un producto a un cliente   [ ] una conferencia

B. Aquí tienes las primeras palabras de las presentaciones que has escuchado. Relaciónalas con las situaciones anteriores.

[ ] Muy buenos días a todos. ¿Se me oye bien? ¿Sí? ¿Atrás también? Antes de nada, muchas gracias por estar aquí... El título de...

[ ] Hola, buenos días. Bien. ¿Tienen ustedes alguna pregunta sobre lo que vimos ayer...?

[ ] Si le parece bien, Sr. LLanos, primero le voy a enseñar una muestra de nuestro nuevo producto. Es algo realmente nuevo en el mercado, un producto muy competitivo...

C. Escucha y comprueba.

3. INFORMACIÓN SOBRE LA EMPRESA

A. Vas a escuchar la presentación que un directivo hace ante un grupo de clientes que visita la planta de producción de su empresa. ¿Cuáles de los siguientes aspectos crees que se van a mencionar?

- los productos que fabrica
- el número de empleados
- los orígenes de la empresa
- el público al que se destinan los productos
- la política de precios
- las estrategias de publicidad y de marketing
- la evolución de la empresa en los últimos años

 ◇ Seguro que dice algo sobre...

 B. Escucha la presentación para comprobar si menciona los aspectos que habéis comentado.

 C. Escucha de nuevo. Lee el guión que preparó la persona que hizo la presentación y decide a qué parte del mismo corresponden estas frases.

☐ "Y por último, quisiera hablarles de nuestra vocación internacional, que nos ha llevado a estar presentes en los mercados más competitivos del mundo".

☐ "Kalem es una empresa familiar española".

☐ "Antes de empezar la visita, voy a hacerles una breve presentación de nuestra empresa".

☐ "En estos gráficos, pueden ver ustedes la curva ascendente de nuestras exportaciones durante los cinco últimos ejercicios".

☐ "Buenas tardes y bienvenidos a KALEM. Les agradecemos mucho su visita a una de nuestras plantas de producción".

☐ "Si tienen alguna pregunta, la contestaré con mucho gusto".

☐ "Se dedica a la fabricación y comercialización de zapatillas y ropa de deporte de alta calidad".

**KALEM
PRESENTACIÓN PARA GRUPOS**

1. Dar la <u>bienvenida</u>

2. <u>Introducir el tema</u> de la presentación

(<u>Desarrollo</u> de la presentación:)
3. ¿Quiénes somos?
4. ¿Qué hacemos?
5. Nuestra estrategia de desarrollo (interpretación de gráficos sobre el crecimiento de la facturación)

6. <u>Final</u>: mercados internacionales --> gráficos

7. Turno de <u>preguntas</u>

D. ¿Qué te ha parecido la presentación que has escuchado? Escoge los adjetivos que, según tú, mejor la describen. Coméntalo con tu compañero.

clara   desordenada   estructurada   dinámica   amena   aburrida

 ◇ A mí me ha parecido...

interesante   abstracta   correcta   divertida   técnica   larga

4. UNA EXPOSICIÓN EN CLASE

A. Vas a leer el texto de una exposición que un estudiante hizo ante sus compañeros, se titulaba "Se venden siestas". Antes de leerlo, ¿de qué crees que trataba?

B. Lee el texto que el estudiante preparó para leer en clase y descubre qué dijo exáctamente.

Se venden siestas

(1. Introducción) Hola a todos. ¿Qué tal? ¿Me oís bien...? Bueno, yo he seleccionado una empresa que creo que os va a interesar mucho. He titulado mi exposición "Se venden siestas" porque el negocio, como voy a intentar explicar consiste en eso, en comprar y vender tiempo de sueño o de descanso, concretamente, siestas.

(2. Despertar el interés) ¿Sabíais que el cerebro necesita descansar y desconectar de todo dos veces al día? Por la noche y durante el día, entre dos y cuatro de la tarde. ¿Quién no ha sentido alguna vez sueño después de comer? Seguro que muchos de vosotros habéis estado en alguna clase o en alguna reunión a primera hora de la tarde y habéis tenido que tomar mucho café y hacer serios esfuerzos por no dormiros. ¿Me equivoco?

(3. Hablar de la empresa) Pues para dar respuesta a esta necesidad un empresario ha creado una franquicia de establecimientos de salud y belleza que ofrece la posibilidad de dormir en sus instalaciones después de un breve masaje antiestrés. Y todo ello por 7 euros.
El producto estrella de esta cadena son los masajes rápidos antifatiga, al final de los cuales el cliente puede dormir tranquilamente durante unos 20 minutos. Según el doctor Eduardo Sancho, especialista en transtornos del sueño, "lo mejor es dormir unos 20 minutos. Si se duerme más tiempo, la persona puede despertar de mal humor; 20 minutos son suficientes para descansar un rato y poder continuar el resto del día con energía". El doctor Sancho afirma también que la siesta jamás debe utilizarse para recuperar horas de sueño perdidas.

(4. El masaje: duración, dónde se da...) Los masajes, que suelen durar de cinco a diez minutos, se realizan en una silla especial, ergonómica, en la que el cliente se coloca sin tocar el suelo. (Parece complicado, pero os aseguro que funciona, que lo he probado). Bueno, pues después del masaje, el cliente se duerme. La decoración es muy importante: luz suave, temperatura cálida y música relajante.

(5. Tipo de público) Por lo que respecta al tipo de clientes que "compra" siestas, la mayoría son personas con trabajos sedentarios y con un fuerte estrés; son personas que no tienen tiempo de ir a comer a casa y que aprovechan un rato de la hora de la comida para relajarse y recuperar fuerzas.

(6. Final y turno de preguntas) Para terminar me gustaría decir que, aunque la siesta es una costumbre mediterránea, la cultura anglosajona, que lucha contra el sueño del mediodía con bebidas estimulantes como el café o el té, también se interesa por la siesta. Muchas investigaciones han demostrado que la siesta responde a una necesidad biológica que incluso puede ayudar a prevenir enfermedades del corazón. Y yo os puedo asegurar que muchos extranjeros que viven en España duermen también la siesta, sobre todo, en verano. Y esto es lo que quería explicaros. Si tenéis alguna pregunta...

C. ¿Te gustaría poder utilizar el servicio que se menciona en el texto? Coméntalo con tu compañero.

◇ A mí me encantaría poder relajarme y descansar media hora todos los días...

5. VALORACIÓN DE UN PROYECTO

A. Francisco Cantero, encargado de buscar proyectos innovadores, ha asistido a una serie de presentaciones sobre propuestas de creación de nuevas empresas. Lee el informe que ha preparado, y comenta con tu compañero cuáles son los aspectos que más valoró.

De: Francisco Cantero
A: María Rico - Dpto. de Financiación
Asunto: **Presentaciones de proyectos de la última promoción de la ESCE**

Según su petición, he asistido a las presentaciones de los proyectos de creación de empresas hechos por los titulados de la Escuela Superior de Ciencias Empresariales.

De las cuatro presentaciones, tres me parecieron poco interesantes ya que las propuestas no aportaron nada original a lo que existe en el mercado.

En cambio, el proyecto ACOGIDA merece nuestra atención. Además, su presentación fue dinámica y estuvo muy bien estructurada.

Los creadores del proyecto quieren lanzar una empresa que asesore y ayude a los estudiantes y a los ejecutivos extranjeros que tengan la intención de fijar temporalmente su residencia en una ciudad española.

ACOGIDA ha buscado su público objetivo entre personas que necesiten tener información sobre cosas completamente diferentes: desde el alojamiento, a información sobre colegios para sus hijos. También se encargan de realizar todo tipo de trámites que puedan necesitar sus clientes. Creemos que la idea es muy interesante porque no hay ninguna empresa que se dirija a dos tipos de clientes tan diferentes como hace ACOGIDA y no existe ninguna base de datos que pueda proporcionar información tan variada como la suya. Eso les permite realizar muchos más servicios y de una manera muchísimo más rápida que el resto de empresas.

Por todo ello, creo que el proyecto ACOGIDA puede tenerse en cuenta para una posible financiación por nuestra parte.

Fdo. FRANCISCO CANTERO

 ◇ Una de las cosas que más valora es que...

B. ¿Te has encontrado alguna vez en la situación de los posibles clientes de ACOGIDA? ¿Utilizarías tú este servicio, a un precio razonable?

 ◇ Posiblemente sí.
★ Pues yo no, a mí no me gustan este tipo de empresas...

6. MANUAL DE CONSEJOS

A. Una empresa especializada en cursos de comunicación ha preparado un cartel con consejos y sugerencias sobre presentaciones. El dibujante no sabe qué dibujos elegir ni cómo colocarlos. ¿Puedes ayudarle teniendo en cuenta las recomendaciones que se dan en el cartel?

1 Cuidado con los cables de proyectores y micrófonos. A nadie le agrada un tropezón en público.

2 Numere y ordene el material (transparencias, fotocopias, diapositivas...) y decida qué dejará de utilizar si se queda corto de tiempo.

3 No abuse de gráficos y estadísticas.

4 Si utiliza diapositivas, repase la colocación de las mismas para evitar que se proyecten al revés.

5 Si va a utilizar fotocopias, haga siempre de más para evitar sorpresas. A la gente no le gusta nada quedarse sin su juego de material.

6 Si en un momento de la presentación se queda en blanco, es decir, si no se acuerda de nada, puede elegir entre una de estas tres alternativas: hacer una pequeña pausa, volver a una idea anterior o confesarlo con naturalidad; muy posiblemente el público sonreirá y lo entenderá.

7 Recuerde que es mucho más natural desarrollar su presentación de forma hablada que leída.

8 Sobre sus nervios, recuerde: disminuyen si está de pie y se apoya, por ejemplo, en una mesa. La audiencia no suele notarlos tanto como usted.

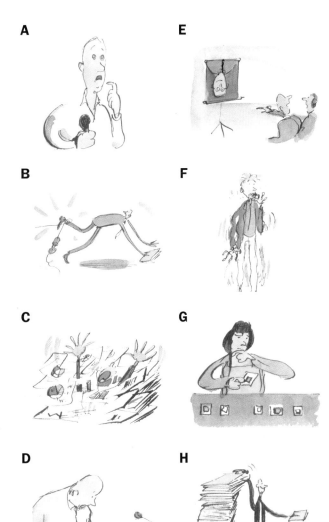

B. Elige las tres recomendaciones que consideres más útiles para ti. Puedes proponer otras. Justifica tu elección o tu propuesta. Después, ponte de acuerdo con tus compañeros para elegir las tres más útiles para la clase.

 ◇ Para mí es muy buena idea confesar que te has quedado en blanco...

7. EN UNA CONFERENCIA

A. Vas a escuchar varios fragmentos de distintas exposiciones orales. ¿En qué momento se dicen? Marca en la lista el número que corresponde a cada uno.

☐ Al principio: cuando se presenta al conferenciante.

☐ En los primeros minutos: cuando se quiere agradecer algo a alguien.

☐ En el principio de la conferencia: cuando se explica algo de lo que se va a hacer o decir.

☐ En el desarrollo de la conferencia: cuando surge un problema técnico.

☐ Durante el turno de preguntas: cuando el orador reformula una pregunta que el público plantea.

☐ En el turno de preguntas: cuando el orador no sabe la respuesta a una pregunta.

☐ Al final: a veces se repite la idea central de la charla.

B. Aquí tienes algunas preguntas y frases que también podrían escucharse durante una presentación. Habla con tu compañero y decide cuáles las formularía el orador y cuáles, el público asistente.

	Orador	Público
1. ¿Seguimos?		
2. Perdone, pero ¿podría volver a explicar lo que ha dicho sobre la política de precios?		
3. Muchos de ustedes saben que...		
4. Como ya les ha explicado... voy a hablarles sobre...		
5. Me imagino que todos estamos de acuerdo en que...		
6. Si tienen alguna pregunta, la contestaré con mucho gusto.		
7. No quisiera terminar sin antes agradecer a la organización la oportunidad que me ha dado.		
8. Perdón, a mí me gustaría saber su opinión sobre...		
9. Pues, por mi parte, esto ha sido todo. Muchas gracias por su atención.		
10. No sé si he entendido bien lo que ha explicado sobre...		

 ◇ "¿Seguimos?" lo diría el orador para atraer la atención del público...

8. SE BUSCAN SOCIOS

En parejas.

Alumno A

A. Tienes un proyecto para montar un negocio y buscas socios. ¿Cuál de estos anuncios has puesto tú?

SE BUSCAN SOCIOS

Buscamos socios. Ahora puede instalar una granja de pollos sin preocuparse de cuidarlos. Nosotros los atendemos. También, comercializamos sus productos. Negocio rentable y con futuro. Llame al teléfono de contacto: 643 63 22 54

Busco un socio con ideas originales y creatividad para montar una empresa que organice celebraciones (bodas, fiestas de cumpleaños, despedidas de soltero…) Aporto el 80% del capital. Número de anuncio: 00801

Busco socio para proyecto de restauración en una casa rural antigua, con vistas a crear un negocio de turismo rural en una región poco conocida y con muchos atractivos naturales y culturales.

Buscamos socios para crear una empresa de turismo alternativo en una de las islas Baleares. Ofrecemos actividades de senderismo, rutas a caballo, salidas en barco y submarinismo. Necesitamos capital. Apartado 6789 de Madrid 28075

Alumno B

A. Tienes algo que ofrecer que puede servir para crear una empresa y estás buscando socios. ¿Cuál de estos anuncios has puesto tú?

APORTACIONES

Ofrezco 8 hectáreas de terreno para granja con instalaciones en perfecto estado. Acepto propuestas para alquilar o montar cualquier otro negocio. Teléfono de contacto: 985 12 34 89

Pueblo de Valladolid. Tengo una casa (S.XVII) de 300m^2 con extenso terreno alrededor. Deseo alquilar o asociarme para montar hostal rural. Llamar al teléfono de contacto: 983 28 34 56

Aporto capital con grandes dosis de creatividad e inventiva para cualquier tipo de negocio en el que las relaciones humanas sean el elemento primordial. Puede llamar o enviar fax al 91 543 20 12

Empresa inversora desea contactar con empresas o particulares que tengan proyectos innovadores para desarrollar. Teléfono de contacto: 96 223 45 67

B. Intenta convencer a un compañero para que se asocie contigo. Piensa antes qué vas a decirle.

```
◇ Busco un socio que tenga...
★ Pues yo busco a alguien que necesite...
```

C. ¿Os ha convencido? ¿Por qué?

```
◇ A mí no me ha convencido demasiado... No veo muy claro el proyecto porque...
★ A mí, sin embargo, sí me ha convencido la oferta...
```

9. DOS TRANSPARENCIAS

 A. Escucha un fragmento de una conferencia sobre "presentaciones" y toma notas de las ideas principales.

 B. Escucha otra vez la conferencia. ¿Cuál de estas transparencias crees que ha proyectado el orador?

1.

El auditorio

Es importante hacerse varias preguntas sobre el auditorio:

- ¿Quiénes son?
- ¿Cuáles son sus intereses y necesidades?
- ¿Qué necesitan saber?
- ¿Qué esperan de la presentación?

Éstas son otras preguntas que cualquiera que vaya a hacer presentaciones debe tener en cuenta:

- ¿Cuáles son nuestros objetivos con ella?
- ¿Qué medios vamos a utilizar para captar su interés?

2.

EL AUDITORIO

¿Quiénes son?

¿Qué les interesa?

¿Qué esperan?

¿Qué queremos nosotros?

¿Cómo?

C. ¿Y tú, cuál de las dos transparencias utilizarías? ¿Por qué?

 ◇ ¿Tú cuál de las dos utilizarías?
★ La primera porque...

⊤ UNA PRESENTACIÓN

A. En pequeños grupos. Una asociación de empresarios ha convocado un concurso para premiar el proyecto de empresa más nuevo y original. Los proyectos tienen que presentarse ante una comisión que los evaluará. Pensad en una empresa, en un servicio o en un producto, y completad la ficha.

Nombre de la empresa: _____

Actividad: _____

Público objetivo: _____

Diferencias con la competencia: _____

Inversión inicial: _____

Plazo para que sea rentable: _____

B. Preparad la presentación. Aquí tenéis una lista de aspectos que podéis considerar para que vuestra presentación sea convincente:

- *Recursos que podéis utilizar para captar el interés.*
- *La estructura de vuestra presentación.*
- *Elementos que vais a utilizar para apoyar vuestra presentación (pizarra, casete...)*
- *Estrategias para convencer a vuestros compañeros*
- *El principio de la presentación*
- *El final de la presentación*

C. Ahora, elegid al miembro o a los miembros del grupo que van a presentar vuestro proyecto a toda la clase.

D. Mientras escuchas la presentación de tus compañeros, completa la ficha para evaluar los proyectos. Si tienes alguna pregunta, plantéala al final de la presentación. Con todos los datos, al final, podréis decidir qué proyecto tiene más posibilidades de presentarse al concurso y ganarlo.

Criterios de evaluación (puntos, del 1 al 10)	Grupo 1	Grupo 2	Grupo 3	Grupo 4
Innovación				
Público objetivo				
Diferencias con la competencia				
Rentabilidad				

E. ¿Cuál es el proyecto con más posibilidades? ¿Crees que la manera de presentarlo ha influido en vuestra elección?

 ◇ Creo que sí, me ha gustado mucho cómo lo han presentado porque...

GRAMÁTICA

Recursos para hablar en público

Saludar a los participantes
Muy **buenos días** a todos... El título de mi conferencia es...

Buenas tardes y bienvenidos a esta ponencia sobre...

Presentar a alguien
Hoy tenemos con nosotros a Mar Vega... a quien tengo el gusto de presentarles...

Dar las gracias
Antes de nada, **muchas gracias por** estar aquí.

Quisiera dar las gracias al profesor Ferrer... por todo su apoyo.

Les agradecemos mucho su visita...

Atraer la atención
Si les parece bien, **¿empezamos?**

¿Seguimos?

Fíjense en que...

Controlar la comunicación
¿Se me oye bien? ¿Sí? ¿Atrás también?

¿Me oís/oyen bien?

¿Ahora? ¿Sí?

Implicar al oyente
Como todos ustedes **pueden imaginar**...

Como vosotros **sabéis**...

Me imagino que todos **estamos de acuerdo en**...

Muchos de vosotros habéis...

Introducir un aspecto nuevo
Y ahora quisiera hablarles de nuestros mercados.

Invitar a hacer preguntas
¿Tienen ustedes **alguna pregunta** sobre...?

Si tienen alguna pregunta, la contestaré con mucho gusto.

Hacer una pregunta
Perdón, a mí **me gustaría saber su opinión sobre**...

Perdone, pero **¿podría volver explicar** lo que ha dicho sobre la política de precios?

No sé si he entendido bien lo que ha explicado sobre...

Para terminar
Y **por último,** quisiera hablarles de...

Y **esto es lo que quería** explicaros...

Pues, por mi parte, **esto ha sido todo**.

Para terminar, me gustaría decir que...

Frases relativas

Indicativo
(para describir algo que existe y que se conoce)
Los masajes, **que suelen** durar de cinco a diez minutos, se realizan...

Ha creado una franquicia de establecimientos de salud y belleza **que ofrece** la posibilidad de dormir...

Subjuntivo
(para describir algo desconocido o hipotético)
◇ Busco un socio **que tenga**...

Nuestra intención es lanzar un producto **que sea** innovador... **que dé** respuesta a...

Frases relativas con preposición
El pronombre relativo **que** puede referirse a personas, animales y cosas. El pronombre **quien** sólo se refiere a personas:

El público **al que** va dirigida nuestra presentación.

Hoy tenemos a Mar Vega... **a quien** tengo el gusto de presentarles...

QUÉ/CUÁL

Preguntar por la identidad de algo
¿**Qué** esperan de la presentación?

¿**Qué** medios vamos a utilizar para captar su interés?

Preguntar por un elemento dentro de un grupo
¿Tú **cuál** de las dos utilizarías?

¿**Cuáles** son sus intereses?

Hablar de cantidades indeterminadas de personas

Alguien (alguna persona)
¿**Alguien** quiere preguntar algo?

¿Hay **alguien** que pueda enchufarlo?

Nadie (ninguna persona)
A **nadie** le agrada un tropezón.

Cualquiera (= cualquier persona, no importa quién)
Cualquiera de nosotros, sin embargo, puede dudar.

POR

Precio
Y todo ello **por** 7 euros.

12

Felicitaciones y despedidas

1. FELICIDADES

A. Lee las siguientes tarjetas y decide qué intención tiene cada una y quién puede ser el destinatario de las mismas.

1

Si pudiera vivir nuevamente mi vida,
en la próxima trataría
de cometer más errores.
No intentaría ser tan perfecto,
me relajaría más y
correría más riesgos.
   Si tuviera otra oportunidad para vivir,
iría a lugares a donde
nunca he ido.
Subiría más montañas,
nadaría más ríos,
comería más helados y
tendría más problemas reales y
menos imaginarios.
   Yo nunca iba a ninguna parte
sin un termómetro, un paraguas
y una aspirina...
Si pudiera volver a vivir,
viajaría más ligero de equipaje.

Que el espíritu de este poema
inspire muchos momentos de felicidad en
este nuevo año.
Con nuestros mejores deseos,

Cosme González
Director general
BCDirecto

2

¡Enhorabuena!
Nos alegramos mucho
de que todo haya ido
bien.
Un beso muy grande
para la mamá y el
pequeñín.

Alicia, Javier y Nina

3

Que pases un muy, muy feliz día
del Carmen.
Muchas felicidades
y un abrazo muy fuerte.
Rosa y Esteban

4

Estimada Sra. Marta Román:
Le deseamos un feliz cumpleaños en este día tan señalado.
Nos gustaría compartir con usted este día. Por esta razón, entregando esta tarjeta en caja o al responsable de su Super-Co, tendremos el placer de obsequiarle con:

UNA CAJA DE BOMBONES

Una vez más le agradecemos la confianza que ha depositado en nosotros.

5

Enhorabuena.
Os deseamos toda la felicidad del mundo en el
día de vuestra boda.
Ojalá todos vuestros planes futuros se hagan
realidad.
Un beso muy fuerte para los dos.
Vuestros tíos   Lola

felicitar un cumpleaños,
felicitar un santo,
felicitar la Navidad,
expresar buenos deseos,
dar la enhorabuena,
invitar,
dar el pésame,
agradecer...

 ◊ La primera es para felicitar la Navidad y se enviaría a...

B. ¿A quién envías tú tarjetas y en qué ocasiones? Coméntalo con tu compañero.

 ◊ ¿Tarjetas? Envío muchísimas, a...

C. Como cliente, ¿qué empresas te envían tarjetas y en qué ocasiones? Coméntalo con tu compañero.

 ◊ En Navidad, por ejemplo, recibo tarjetas de...

2. NO SABES CUÁNTO LO SIENTO...

A. Aquí tienes una carta y una nota en las que se piden disculpas. Léelas y decide cuál puede ser el motivo de la disculpa en cada caso.

Elena, quiero disculparme contigo. Realmente mis comentarios del otro día no fueron muy afortunados; comprendo que te sentarían mal, y siento mucho que te haya dolido la crítica que te hice. No estaba justificada y fue excesiva. De verdad. Perdóname.
Sé que no es excusa, pero últimamente estoy pasando una mala racha y, a veces, las situaciones me desbordan y, luego, como en esta ocasión, tengo que lamentarlo. Lo siento, y te pido perdón de nuevo.
Me gustaría mucho que un día de estos quedáramos para tomar un café y hablar tranquilamente de todo lo que ha pasado ¿Que te parece? Te llamaré.
Un beso
Alicia

AireNostro
Pº de Gracia 34
08002 Barcelona

Alicia Muñoz
Consejo de Ciento 189 5º A
08015 Barcelona

Barcelona, 12 de agosto de 2000

Estimada Sra. Muñoz:

Como cliente habitual de AireNostro, es muy probable que en la últimas semanas haya sufrido algunas de las muchas incidencias que se han dado en nuestro servicio: huelga de controladores, retrasos, cancelaciones...

Permítame, antes de cualquier otra explicación, trasmitirle mi más sincero pesar. Lamentamos todos los inconvenientes de los últimos días y la insuficiente información que hayamos podido proporcionarle. Créame que lo siento, le aseguro que estamos poniendo en marcha todas las medidas a nuestro alcance para corregirlo.

El origen de la actual situación es complejo. Por diversos factores, los espacios aéreos europeos se han quedado pequeños. No se les ha dotado de la capacidad necesaria para absorber la demanda de un tráfico aéreo en pleno crecimiento. Las autopistas del aire se comportan como las terrestres: si hay más vehículos que capacidad, se producen embotellamientos y retrasos.

Nosotros, como ya sabrá por los medios de comunicación, hemos decidido recortar nuestro programa de verano. No obstante, queremos informarle de que dispondremos de oferta suficiente para atender la demanda de vuelos. Espero que la situación se vaya normalizando poco a poco y que podamos disfrutar de un verano a pleno y perfecto rendimiento.

De nuevo le pido disculpas por las molestias que los incidentes de días pasados le hayan ocasionado y le agradezco la confianza que regularmente deposita en nuestra compañía.

Cordiales saludos.

Javier Guzmán
Presidente

B. En los textos anteriores tienes varias fórmulas para pedir disculpas. Búscalas y subráyalas. Luego, lee las opiniones sobre cuándo se usan esas fórmulas. ¿Estás de acuerdo con las afirmaciones?

	SÍ	NO	DEPENDE
1. Para una disculpa formal, hablada o escrita, resulta muy adecuado decir "Permítame transmitirle mi más sincero pesar".			
2. "Lamentamos..." puede utilizarse en cualquier situación.			
3. "De verdad, perdóname" se utiliza cuando hay una relación personal entre quien pide disculpas y quien las recibe.			
4. Una carta formal puede empezar diciendo "Quiero disculparme contigo".			
5. "De nuevo le pido disculpas" puede servir para cualquier situación.			
6. "Lo siento y te pido perdón de nuevo" es coloquial.			
7. "Créeme/créame que lo siento" puede escribirse en una carta para un amigo o para un cliente.			

 ◇ Creo que "Permítame..." no es una forma muy adecuada para...

C. En tu país, en el mundo del trabajo, ¿cuáles de estas situaciones se consideran más graves? ¿Hay otras situaciones en las que la gente se disculparía? ¿Cuáles?

- llegar tarde a una cita/reunión/comida/entrevista de trabajo...

- no poder hacer un favor cuando alguien lo pide

- enviar un producto que llega, sin saber por qué, en malas condiciones

- llamar por teléfono a una hora inadecuada

- interrumpir a alguien que está hablando

- cometer un error en un informe importante

- enviar un correo electrónico por error a un destinatario incorrecto

- entregar un documento más tarde del plazo fijado

 ◇ Está mal visto llegar tarde; pero, si sólo son unos minutos, no pasa nada.

D. ¿Te has encontrado en alguna de las situaciones anteriores o en otras parecidas, alguna vez? ¿Qué has hecho para disculparte?

 ◇ Recuerdo una vez que...

3. QUEDAR BIEN EN UNA EMPRESA

Lee este artículo sobre algunas costumbres de las empresas españolas. En tu país, ¿se hace lo mismo en estas situaciones? Coméntalo con tu compañero.

¿CóMO QUEDAR BIEN EN EL TRABAJO?

Es indudable que las relaciones personales en el trabajo no son iguales en todos los países. En España, como en cualquier otro lugar, las costumbres pueden variar de una empresa a otra. Sin embargo, hay algunas ideas que pueden ser de utilidad y que pueden ser representativas de muchas empresas.

¿Qué hacer en estos casos?

Cumpleaños: normalmente, la persona que cumple años invita a los compañeros a un café, o lleva a la oficina alguna cosa de comer y una botella de cava, por ejemplo.

Bodas: es bastante habitual que los compañeros de trabajo del novio o de la novia le organicen una pequeña fiesta sorpresa en la oficina y le den el dinero que han recogido entre todos en un bote, aunque no estén invitados a la boda. Si se recibe una invitación expresa para ir, el regalo suele ser de mayor importancia.

Nacimiento: la empresa envía flores y los compañeros más cercanos van al hospital a ver al bebé y le llevan un regalo entre todos.

Jubilación: no hay nada establecido; a veces, una comida y un pequeño detalle, aunque últimamente ya no hay tantas jubilaciones a los 65 años, ahora muchas son anticipadas.

Navidad: la empresa da a cada trabajador una paga extra, casi el doble de una mensualidad (en verano suele haber otra), y muchas también les regalan cestas con productos para comer, típicos de Navidad. También se suele hacer una comida o una cena que, muchas veces, paga la empresa. La gente suele vestirse bien para la ocasión.

Fallecimiento: si muere un empleado, la empresa envía una corona de flores y van todos los compañeros de trabajo al entierro. Si muere un familiar de un empleado, la asistencia al funeral por parte de los compañeros depende de si es un familiar cercano o no.

 ◇ A mí me llama la atención lo de los cumpleaños, porque...

4. UN DISCURSO

A. Imagina que vas a dejar tu empresa y que tienes que dar un discurso de despedida. ¿Qué dirías y qué omitirías en esa situación? Coméntalo con tu compañero.

- [ ] Agradecer el buen trato recibido en la empresa.
- [ ] Dar las gracias por estar todos presentes.
- [ ] Desear buena suerte a tus compañeros.
- [ ] Disculparte por los posibles errores cometidos.
- [ ] Agradecer el regalo que has recibido de tus compañeros de trabajo.
- [ ] Expresar alegría por el nuevo trabajo.
- [ ] Explicar un chiste.
- [ ] Criticar a una persona de la empresa.
- [ ] Recordar alguna anécdota.
- [ ] Justificar por qué abandonas la empresa.
- [ ] Animar a los compañeros a buscar otro trabajo.

 ◇ Yo agradecería...

 B. Clara se va de su empresa y está celebrando su despedida con sus compañeros de trabajo. Escúchala y marca en la lista anterior qué cosas hace ella en su discurso.

 C. Vuelve a escuchar el discurso de Clara. ¿En qué orden dice las cosas? Toma notas y coméntalo con tu compañero.

◇ Primero ha agradecido...

5. DESEOS Y SENTIMIENTOS

A. Mira los dibujos y lee las frases. ¿A quién se las dirías y en qué ocasiones? Coméntalo con tu compañero.

1. ¡A ver si nos toca!

2. ¡Qué raro que no haya llegado todavía! Normalmente es muy puntual...

3. Es muy extraño que no haya nadie a estas horas...

4. ¡Que te mejores!

5. Siento mucho no haber escrito antes.

6. ¡Ojalá apruebe!

 ◇ "Que te mejores", se lo diría a...

B. ¿Qué dirías en estas situaciones?

- A un amigo que ha encontrado un magnífico trabajo.
- A un amigo que se va de vacaciones.
- A un amigo que se va a examinar por sexta vez del carné de conducir.
- A un compañero que se va a dormir. Estáis en el mismo hotel por cuestiones de trabajo.
- A tu jefe, su madre está en el hospital.

6. SI FUERA DE VACACIONES A...

A. Hay muchas maneras de viajar y de conocer un país. Fíjate en este test. ¿Con cuáles de las siguientes posibilidades te identificas?

1. Si fuera de vacaciones a España o a Hispanoamérica,
☐ a. me llevaría algún libro para leer en español.
☐ b. compraría un diccionario bilingüe.

2. Si quisiera conocer una ciudad,
☐ a. me compraría un plano para no tener que preguntar.
☐ b. iría a una oficina de turismo para pedir información.

3. Si en un restaurante no entendiera la carta,
☐ a. pediría una en mi idioma.
☐ b. preguntaría al camarero.

4. Si en la calle alguien me preguntara algo,
☐ a. le diría, en español: "lo siento, no soy de aquí".
☐ b. me encogería de hombros y no diría nada.

5. Si durante el viaje perdiera mis documentos,
☐ a. iría a la embajada o al consulado de mi país.
☐ b. llamaría a mi familia para que me ayudara.

6. Si quisiera aprender palabras nuevas,
☐ a. leería todos los días el periódico.
☐ b. compraría un cuaderno y anotaría en él todo lo nuevo para después recordarlo y utilizarlo.

7. Si fuera al cine,
☐ a. iría a ver una película española o hispanoamericana.
☐ b. iría a ver el mismo tipo de película que en mi país.

8. Si deseara hablar con la gente del país,
☐ a. me alojaría en casa de una familia, en lugar de ir a un hotel.
☐ b. me tomaría un café en un bar de barrio.

B. Habla con tu compañero, e intentad hacer hipótesis sobre lo que creéis que haría, en general, toda la clase.

◇ Creo que la mayoría, si fuera de vacaciones a España o a Hispanoamérica,...

7. BUENAS NOTICIAS

 A. Marta llega a su casa y tiene tres mensajes en el contestador. Escúchalos y anótalos.

 Inés:

 Rogelio:

 Fernando:

 B. Vuelve a escuchar los mensajes. Marta quiere obsequiar a Inés, al Sr. Cortina y a su sobrino con un regal   ¿Qué les regala?

para   Inés
el Sr. Cortina
su sobrino

C. Marta va a acompañar los regalos con una tarjeta. Ayúdale a escribirlas.

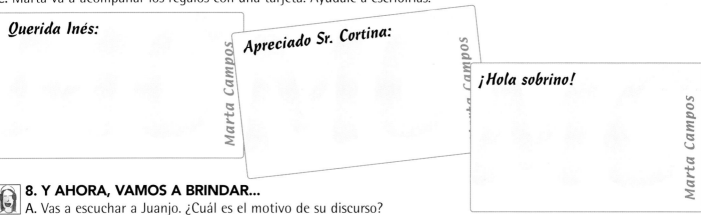

> **Querida Inés:**
>
> *Marta Campos*

> **Apreciado Sr. Cortina:**
>
> *Marta Campos*

> **¡Hola sobrino!**
>
> *Marta Campos*

8. Y AHORA, VAMOS A BRINDAR...

A. Vas a escuchar a Juanjo. ¿Cuál es el motivo de su discurso?

B. Vuelve a escuchar y decide si estas afirmaciones son verdaderas o falsas.

	Verdadero	Falso
1. Eva cambia de trabajo.		
2. Sus compañeros la echarán de menos.		
3. Es una chica poco sociable.		
4. Eva se va para terminar sus estudios.		
5. A Eva no le gusta mandar correos electrónicos.		
6. En la oficina le han hecho un regalo de despedida.		
7. Sus compañeros siempre le han explicado todo lo necesario.		
8. Todos desean que les visite de nuevo.		

Primero, muchísimas gracias por...

C. Imaginad que vuestros compañeros os han hecho un pequeño discurso de despedida y un regalo. En parejas, ¿qué diríais para dar las gracias? Escribidlo y después leédselo a la clase.

 ◇ Podríamos decir, por ejemplo, "no teníais que habernos regalado nada".

9. ME GUSTARÍA QUE...

A. Si pudieras elegir, ¿cómo te gustaría trabajar? ¿Qué características te gustaría que tuviera ese puesto de trabajo? Haz una lista.

- con menos estrés...

 ◇ Pues a mí me gustaría que mi trabajo fuera menos estresante...

B. Ahora, poned en común vuestra lista con las de los demás miembros de la clase y anotad en la pizarra las características que aparecen con más frecuencia. ¿En qué coincidís?

 ◇ A casi todos nos gustaría que...

10. RECLAMAR UN SERVICIO

 A. El empleado de una casa de reparaciones está atendiendo la reclamación de un cliente. ¿Qué pasa? Coméntalo con tu compañero.

 ◇ Lo que pasa es que...

B. Escucha otra vez. ¿Qué le dice el empleado al cliente para disculparse? ¿Te parece bien? ¿Qué le dirías tú? Coméntalo con tu compañero.

 ◇ Me parece poco profesional...

C. A la vuelta del verano, el director de RESÓN Reparaciones encarga que se redacte una carta de disculpa para el cliente por el retraso en la reparación. Escribe al cliente ofreciéndole disculpas.

Resón Reparaciones
Avda. América 156
28004 Madrid

Estimado cliente:

11. ¿Y TÚ QUÉ DIRÍAS?

A. Vas a escuchar seis diálogos. ¿A qué situación crees que puede corresponder cada uno?

- [ ] alguien se va de vacaciones
- [ ] alguien se olvida de una fecha señalada
- [ ] alguien se va a dormir
- [ ] alguien está enfermo en el hospital
- [ ] alguien ha tenido un terrible accidente
- [ ] alguien llega a una fiesta

B. ¿Qué les dirías tú a esas personas? Escríbelo.

C. Vuelve a escuchar los diálogos. Compáralos con las frases que has escrito.

T | EL DISCURSO DEL ÚLTIMO DÍA DE CLASE

A. En parejas o en pequeños grupos, tenéis que preparar un pequeño discurso de despedida para leer ante vuestros compañeros. Antes, preparad un borrador. Aquí tenéis una lista de aspectos que podéis incluir.

- opinión sobre el curso
- anécdotas que recordáis
- dificultades
- progresos durante el curso
- buenos deseos
- agradecimientos
- disculpas
- ...

B. Cada pareja se dirige al grupo y lee su discurso. La clase decide qué pareja ha hecho el discurso...

más divertido:		más emotivo:	
más simpático:		más triste:	
más optimista:		más original:	

GRAMÁTICA

INFINITIVO PASADO

haber + Participio

Siento mucho no **haber escrito** antes.

No teníais que **haberme regalado** nada.

PRETÉRITO PERFECTO DE SUBJUNTIVO

**Presente de Subjuntivo del verbo
haber + Participio**

haya	
hayas	
haya	llegado
hayamos	podido
hayáis	venido
hayan	

¡Qué raro que no **haya llegado** todavía!

PRETÉRITO IMPERFECTO DE SUBJUNTIVO

Se forma a partir de la 3ª persona del plural del Pretérito Indefinido.

	3ª persona del plural P. Indefinido	P. Imperfecto de Subjuntivo
		-ra/-se
		-ras/-ses
comprar	compra- (~~ron~~)	-ra/-se
vender	vendie- (~~ron~~)	-ramos/-semos*
decir	dije- (~~ron~~)	-rais/-seis
		-ran/-sen

◇ Pues a mí me gustaría que mi trabajo **fuera** menos estresante...

* La primera persona del plural se acentúa: compráramos, vendiéramos...

Hablar de una situación hipotética

Si + Imperfecto de Subjuntivo, + Condicional
Si perdiera los documentos, **iría** a la embajada de mi país.

Si en un restaurante no **entendiese** la carta, **pediría** una en mi idioma.

Expresar deseos

A ver si + Presente de Indicativo
¡A ver si nos toca!

Ojalá + Presente de Subjuntivo
¡Ojalá (yo) **apruebe!**
Ojalá todos vuestros planes futuros **se hagan** realidad.

Que + Presente de Subjuntivo
¡Que te mejores!

Condicional + que + Imperfecto de Subjuntivo
Me gustaría mucho **que** un día de estos **quedáramos** para tomar un café.

◇ Pues a mí **me gustaría que** mi trabajo **fuera** menos estresante...

Expresar sentimientos

Expresar extrañeza o preocupación

Es ¡Qué	+	extraño raro curioso	+ que +	Presente P. Perfecto	de Subjuntivo

Es (muy) **extraño que** no **haya** nadie a estas horas...

¡Qué raro que no **haya llegado** todavía! Normalmente es muy puntual...

Expresar alegría

alegrarse de que + Subjuntivo
Nos alegramos mucho **de que** todo **haya ido** bien.

Expresar tristeza

dar pena
sentir + **Infinitivo**
que + Subjuntivo

Me da pena marcharme.

Sentimos mucho **que te vayas.**

Expresar enfado

¿Que todavía no + **Presente** **de Indicativo?**
P. Perfecto

¿Cómo? ¿Que todavía no saben ni lo que cuesta?

¿Cómo es posible que no/ni (siquiera) +
Subjuntivo?
¿Cómo es posible que ni siquiera hayan mirado el
aparato?

Felicitar a alguien

¡Enhorabuena!

Muchas felicidades.

Le deseamos un feliz cumpleaños.

¡Que pases un muy, muy feliz día!

Brindar

¡Por Eva!

Agradacer

No teníais que haber comprado nada.

Disculparse

Siento mucho que te haya dolido la crítica.

Sé que **no es excusa,** pero...

Disculpadme por los montones de preguntas.

Quiero disculparme contigo/con usted.

Perdóname.

Permítame transmitirle mi más sincero **pesar.**

Lamentamos todos los inconvenientes...

Acordarse de/Recordar

¿No os acordáis del día que, en pleno invierno,
encendí el aire acondocionado?

Todos **recordamos** el día que nos mandaste una
felicitación de navidad...